MAIKE
KÖHLER

Selfcare
für frischgebackene
MAMAS

Impulse und Übungen
für dein erstes Jahr mit Baby

LIEBE LESERIN,

erst einmal möchte ich dir herzlich gratulieren:
Du hast vor gar nicht allzu langer Zeit
ein Wunder vollbracht!

Vermutlich liegt dein kleines Wunder
gerade neben dir und guckt dich
aus großen Kulleraugen an.
Vielleicht trägst du dein kleines Wunder gerade
im Kreis herum. Sehr sicher hast du dein
kleines Wunder heute schon mehrfach gewickelt.
Es gestillt, ihm die Flasche gegeben.
Es mit Brei gefüttert. In den Schlaf gesungen.
Wenn dies ein guter Tag ist, hast du
es vielleicht sogar schon im Kinderwagen
um den Block geschoben.*

Das ist großartig, du sorgst für dein Baby!
Was ich in diesem Moment aber so richtig spitze finde,
ist die Tatsache, dass du deine Nase
in dieses Buch hier steckst!
Das heißt:

DU SORGST AUCH FÜR DICH!

* Wenn du dein Baby heute noch nicht
um den Block geschoben hast, sorge
dich nicht! Frischluft ist zu Genüge da –
auch morgen noch!

Vielleicht hat dir dieses Buch
eine liebe Freundin geschenkt.
Dann beglückwünsche ich dich gleich noch
einmal – zu dieser großartigen Freundin!
Sicher freut sie sich wie wild
über dieses entzückende kleine Babylein,
das da von nun an an deiner Seite ist.
Aber wie schön, dass sie auch
dich im Blick behält!
Deiner Freundin wollen wir uns in
diesem Buch unbedingt noch widmen.
Aber jetzt geht es erst
einmal allein um

INHALT

Hier geht's um dich!

UM MICH?, fragst du dich.
Ganz genau: UM DICH!, antworte ich.

Wahrscheinlich hast du schon länger nicht mehr in den Spiegel geblickt und dich bewusst wahrgenommen. Vielleicht hast du im Vorbeigehen hineingeguckt, aber das Wesen auf der anderen Seite des Spiegels kam dir fremd vor mit diesem verstrubbelten Haarknäuel auf dem Kopf und den dunklen Augenringen.

Das ist so. Nach einer Geburt dreht sich erst mal eine Weile alles ums Baby. Dich und deine eigenen Bedürfnisse stellst du ganz intuitiv hintan. Da ist schließlich dieses kleine Wesen in dein Leben geplöppt, das urplötzlich über alles zu bestimmen vermag – angefangen bei deinem Tag-Nacht-Rhythmus. Natürlich siehst du müde aus. Du bist müde! Vielleicht so müde wie nie zuvor? Es gibt viel guten Rat zu diesem Thema.

„Schlaf, wenn dein Baby schläft!"

ist zum Beispiel so ein Tipp, der in der Theorie ganz und gar goldrichtig ist! Trotzdem war er mir wenig hilfreich im ersten Jahr mit Baby. Zwar war ich hundemüde, aber doch viel zu aufgeregt, um mich tagsüber schlafen zu legen! Ich war rastlos, hatte immer im Blick, was es noch zu tun gab.

Sehr sicher hast du längst gemerkt: Im Alltag mit Baby gibt's einfach immer was zu tun. 24 Stunden am Tag, sieben Tage in der Woche. Es ist leicht, sich im Mama-Alltag zu verlieren ...

Darum ist Selfcare so wichtig – und jetzt kommt's: gar nicht mal nur für dich!

HALLO ERST MAL!
(Entschuldige, wenn ich mich hier doch noch einmal reindrängele.)

Ich bin Maike, Mama mal vier und Autorin. Der Mama-Alltag schreibt für mich die schönsten Geschichten, von daher freue ich mich sehr, dich mit diesem Buch ein Stück durch die Babyzeit begleiten zu dürfen.

„Ein Selfcare-Buch?", fragte ich mich zugegebenermaßen im allerersten Moment, als die Verlagsanfrage kam. „Na klar!", erwiderte mein Mann. „Da bist du Profi drin!" Und prompt war ich beleidigt. Denn:

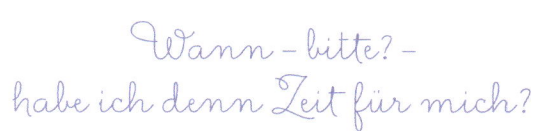

Wann – bitte? – habe ich denn Zeit für mich?

Ich denke bei Selfcare zuallererst an Gurkenmasken. An grünen Tee und Sonnengruß. An Badeschaum und Wohlfühlduft. Dabei ist Selfcare so viel mehr als das! Was Selfcare für mich bedeutet, wie du deinen neuen Alltag bewusst gestalten und darin auch Zeit für dich finden kannst, das will ich dir hier verraten.

Aber Achtung: Dies ist kein Ratgeber! Vielmehr will ich dich inspirieren. Dir Anregungen geben, wie du mehr Leichtigkeit in deinen Alltag bringst. Wie du dir selbst nachhaltig Gutes tun kannst. Wie du kleine Auszeiten in den Tag integrierst, wenn doch die Bedürfnisse deines Babys im Vordergrund stehen. Für mich beginnt Selfcare mit ganz kleinen Momenten im Alltag. Es geht darum, immer mal wieder einen Gang runterzuschalten, das Glück in den kleinen Dingen zu finden und gut auf die eigene Kraft zu achten.

Außerdem kriegst du von mir viele Impulse und kleine Übungen an die Hand, die dich stark den neuen Herausforderungen des Mama-Alltags entgegentreten lassen und dir gleichzeitig Leichtigkeit schenken.

Eine inspirierende Lektüre wünscht dir
MAIKE

Ein Buch zum Mitmachen

Dieses Buch ist für dich. Darum findest du darin immer wieder Platz zum Mitmachen und für eigene Gedanken. Ich lade dich ein zu Übungen für Körper, Geist und Seele und stelle dir zwischendurch Fragen, die dich zum Reflektieren animieren. Beantworte sie allein für dich, denn vor allem ist Selfcare eines: so individuell, wie auch unsere Bedürfnisse unterschiedlich sind! Du selbst weißt am allerbesten, was dir guttut, was du brauchst. Auf den folgenden Seiten will ich dich ermutigen, gut in dich hineinzuhören. Denn das ist dein erster Schritt hin zu mehr Achtsamkeit im Alltag.

„Moment mal!
Heißt das, ich darf mich jetzt
einfach mit 'ner Zeitschrift
aufs Sofa knallen?"

SCHENK DIR ZEIT FÜR DICH!

VOM GÖNNEN-KÖNNEN

Um uns selbst etwas Gutes tun zu können, bedarf es einer erlesenen Fähigkeit: Wir müssen uns selbst etwas gönnen können. Ob das für dich eine halbe Stunde auf der Couch bedeutet, ein sprudeliges Kaltgetränk (s. u.) oder ganz etwas anderes, darüber sprechen wir später. In jedem Fall wollen wir das mit dem Gönnen-Können auf den folgenden Seiten üben – weil wir bestimmte Dinge für unser Wohlbefinden brauchen, und das ganz unabhängig davon, ob wir uns das im klassischen* Sinne heute schon verdient haben!

gön·nen
schwaches Verb

1. (jemandem etwas) neidlos zugestehen,
   weil man der Meinung ist, dass er es braucht
   oder es verdient hat
   „jemandem sein Glück, seinen Erfolg gönnen"

2. sich etwas (Besonderes, etwas, das eine
   Ausnahme darstellt) erlauben, zubilligen
   „sich etwas [Gutes], einige Tage Ruhe,
   ein Glas Sekt gönnen"

* Was „klassisch" bedeutet, auch das
definieren wir zu einem späteren Zeitpunkt
in diesem Buch. Nur eins vorab:
Wer definiert das, wenn nicht wir selbst?

Happy Mama, happy Baby

Sobald ein Baby ins Leben tritt, dreht sich erst mal eine ganze Weile alles um die Bedürfnisse dieses kleinen, wonneproppigen neuen Mini-Menschleins. Die eigenen Bedürfnisse treten auf natürliche Weise in den Hintergrund. Dabei ist es so wichtig, auch gut für sich selbst zu sorgen!

Aus eigener Erfahrung weiß ich, wie schwierig es ist, die eigenen Bedürfnisse und Wünsche durch den Alltag mit Baby hindurchzuretten. Sie zu erhören und ihnen nachzugehen. Aber dein Baby spürt genau, wie es dir geht. Wenn du erschöpft oder gestresst bist, überträgt sich das. Wenn du dir regelmäßige Auszeiten erlaubst, kannst du den täglichen Herausforderungen des Mamaseins gelassener begegnen. Selfcare tut also mitnichten nur dir gut. Wenn du dich gut um dich selbst kümmerst, ist das auch für dein Baby gut. Guck mal einer an:

Selfcare ist gar nicht so egoistisch, wie du vielleicht zunächst dachtest …

WILLKOMMEN IM KLUB!

Das erste Jahr mit Baby ist ein ganz besonderes. Da ist viel Glück und Liebe, aber da sind auch allerhand Veränderungen und neue Aufgaben. Viele Mütter sind in diesem ersten Jahr besonders erschöpft, manchmal auch überfordert. Nicht zuletzt wegen der Vielzahl an gesellschaftlichen Erwartungen und dem Idealbild einer perfekten Mutter, dem wir leider immer noch zu oft hinterhereifern. Der eigene Perfektionismus setzt dem Ganzen die Krone auf. Eine tolle Mama sein, alles schaffen, richtig machen – unsere Messlatte hängt hoch. Das kann schnell körperlich erschöpfen oder psychisch belasten. Dabei ist es das denkbar Blödeste für alle Beteiligten, wenn uns Mamas die Puste ausgeht!

„EINE GUTE MUTTER IST IMMER FLEISSIG!"

ECHT JETZT?

Als frischgebackene Mama willst du alles richtig machen. Und nicht nur das, am liebsten willst du es perfekt. Althergebrachte Glaubenssätze und Vorstellungen wie das Bild von der immerzu beschäftigten, fleißigen Mutter können dich zusätzlich unter Druck setzen. Stresse dich gar nicht erst mit überhöhten Ansprüchen an dich selbst oder überholten Klischees. Erteile ihnen lieber direkt eine Absage!

Lass uns eine Runde Bingo spielen und althergebrachte Glaubenssätze aus deinem Kopf kicken. Schnapp dir einen Stift und streiche alle Sätze durch, die dich im Alltag schon verfolgt haben:

Eine gute Mutter ...

stillt voll	ist geduldig	ist immer fleißig	ist stets gut gelaunt
trägt ihr Baby am Körper	opfert sich permanent auf	ist immer voll der Liebe	hat immer Antworten
braucht keine Hilfe	ist immer stark	hält Ordnung	kocht frisch

Dir fallen noch mehr ein? Glaub ich sofort! Denk in Ruhe darüber nach, welche Glaubenssätze dich persönlich herausfordern. Notiere sie hier und schmeiße sie ein für alle Mal über Bord, indem du sie direkt wieder durchstreichst!

Eine gute Mutter ....

Eine gute Mutter ....

Eine gute Mutter ....

Eine gute Mutter ....

Eine gute Mutter ....

WEITER GEHT'S!

Schritt 1 ist getan: Wir haben die Bedeutung von Selfcare erkannt, verstanden, dass wir ihr Platz einräumen müssen, um auch dauerhaft gut für unser Baby sorgen zu können, und wir haben Störfelder erfolgreich eliminiert. Jetzt stehen wir vor diesem Wort: Selfcare. Aber was genau verbirgt sich eigentlich hinter diesem Begriff?

Selfcare. Übersetzen wir das mal. Selbstfürsorge steht auf meinem Schmierpapier. Ich denke: „Ach, du je!" Wie sperrig kann was zum Wohlfühlen klingen? Bleiben wir also bei Selfcare. Auch wenn ich dabei sofort Loriot im Ohr habe. Er würde sagen Self-kä-a. Da muss ich schon lachen. Denn das passt.

Du kannst Selfcare dazu sagen.
Oder es eine gesunde Portion
Egoismus nennen.
Me-Time.
Achtsamkeit im Alltag?
Vielleicht bleibst du auch lieber bei der
etwas sperrigen Übersetzung
„Selbstfürsorge".

Fühl dich frei!
ABER TU'S!

KÖNNEN GURKEN IM GESICHT DIE LÖSUNG SEIN?

Der Gedanke ist wirklich lustig, dass Gurken in meinem Gesicht die Lösung sein könnten für mein persönliches Mama-Alltagsdilemma. Dass einmal tief durchatmen oder das Schaumbad am Abend wieder gut machen könnten, was der Tag mir an Baby-Stress beschert hat.

Selfcare hat ein bisschen was mit Gemüse zu tun, na klar. Eine gesunde Ernährung, viel frische Luft, Bewegung, ausreichend Schlaf und Pflegerituale, all dies ist wichtig, wenn es darum geht, gut für sich zu sorgen.

Natürlich kann auch ein schlichtes Schaumbad eine wunderbar entspannende Wirkung haben. Ich liebe Schaumbäder! Und doch bade ich selten. Aber das eher aus dem Grund, dass wir keine Badewanne haben. Trotzdem gucke ich auf mich. Nur um ein paar Beispiele zu nennen …

… gehe ich schlafen, wenn ich müde bin.
(Keine Badewanne der Welt kann es aufnehmen mit meinem Bett!)

… sage ich Nein zu Dingen, die mir zu viel werden.
(Liebe Freundinnen, entschuldigt all die Absagen der letzten Jahre!)

… schaffe ich mir Inseln im Alltag, auf die ich mich regelmäßig flüchten kann.
(Das kann gut und gerne die plumpe Tasse Kaffee sein,
die ich still sitzend, zum Fenster hinausglotzend vor mich hin schlürfe.)

Im Alltag gibt mir all das mehr Kraft als die Aussicht auf ein Wellness-Wochenende irgendwann im November. Das ist auch schön. Na klar! Vor allem mit Gurken im Gesicht. Aber wenn du mich fragst, am allerwenigsten eine Lösung.

Selfcare beginnt mit dem Erkennen der eigenen Bedürfnisse

Ich bin müde nach einer kurzen Nacht? Ich will nichts lieber als mir die Decke über den Kopf ziehen? Einfach nur die Augen zumachen? Dann will ich mir das gönnen können, oder? Ich will es mir wert sein, diesem Bedürfnis nachzugehen.

Ein wunderbarer Vorsatz! Applaus! Konfetti! Nur wenn wir mal ganz ehrlich sind, dann ist dein Szenario ja immer eines der beiden folgenden:

1. Dein Baby schläft noch nicht. Da raschelt was, du kannst es genau hören.
Oder ...
2. Dein Baby schläft schon so lange. Das wacht sicher gleich wieder auf.

Dein Fazit fällt in beiden Fällen sehr ähnlich aus: Das lohnt ja nun nicht, sich jetzt schon/noch ins Bett zu knallen.

Mit dieser Einstellung verbrachte ich Stunden in Alarmbereitschaft in der Nähe des Stubenwagens und lauschte angestrengt in die Stille. Das wären etliche Stunden gewesen, die ich für mich hätte nutzen können. Habe ich es getan? Selten.

 ## SELFCARE IST KEIN HEXENWERK!

Völlig klar: Als Mama kannst du dich nicht einfach mal eben hinlegen, wenn du müde bist. Aber ganz so schwer ist es nun auch wieder nicht, wenn man Selfcare in den kleinen Dingen pflegt. Selfcare beginnt im Alltag und bündelt sich in den Fragen: Wo kann ich entspannen? Den Kopf frei kriegen? Kraft tanken?

Sätze wie „Mach doch einfach mal 'ne Pause!", „Entspann dich mal!" oder – das ist mein liebster! – „Mach dich mal locker!" führen eher selten dazu, dass wir uns setzen, entspannen oder die Dinge leichter nehmen. Ganz im Gegenteil. Sie bauen oft zusätzlichen Druck auf: Jetzt soll ich auch noch Pause machen? Mich entspannen in diesem Chaos hier?

„Ich bin nicht u-n-e-n-t-s-p-a-n-n-t!", brüllt es zuletzt in uns. Wer lässt sich schon gerne den Stempel der überforderten Mutti aufdrücken?

Im Eifer des Alltagsgefechts verstehen wir vieles als Angriff. Wir haben das Bild der entspannten, im Glück taumelnden Mami im Kopf und sind gefangen in dem, was wir uns täglich aufbürden. Auch sind da viele gesellschaftliche Erwartungen und Vorstellungen, die uns und unser Muttersein zusätzlich einschnüren.

SELFCARE?

Musst du dich leider selbst drum kümmern!

Auf den, der kommt und sagt: „Jetzt mach doch mal 'ne Pause!", brauchen wir nicht zu warten. Zum einen brüllen wir ihn aus Gründen, die viel mit Überforderung zu tun haben, ohnehin nieder. Zum anderen ist es längst zu spät, wenn er um die Ecke biegt mit seinem gut gemeinten Rat. Wir sind sichtlich erschöpft und längst auf Krawall gebürstet. Wie sollen wir jetzt noch entspannen?

Kommen wir also zurück an unseren anfänglichen Punkt: Wir müssen uns die Pause selbst gönnen können. Und dann auch selbst dafür sorgen, dass wir sie uns wirklich nehmen, und zwar nicht erst wenn uns die Zunge bereits zum Boden hängt. Da ist also eine Art Zwei-Schritt-Authentifizierung vorgeschaltet vor die Selfcare-Sache. Das erschwert den Zugang. Autsch!

Hinzu kommt, dass wir uns oft selbst im Weg stehen, wenn es darum geht, uns eine Pause zu erlauben: Wir warten auf den perfekten Zeitpunkt. Den Moment, in dem alles erledigt ist, das Baby schläft, der Kühlschrank gefüllt, die Wäsche gewaschen und das Wohnzimmer wieder ordentlich ist. Und gleich noch mal: ganz lautes Doppel-Autsch!

Warte nicht auf den perfekten Zeitpunkt für eine Pause.

Er wird nicht kommen.

Was machst du eigentlich den ganzen Tag?

Es ist gut zehn Jahre her, dass meine damals kinderlose Freundin mich das fragte. Und das interessierte mich tatsächlich auch. Um eine Antwort zu finden auf die Frage, wohin mein Tag verschwunden war, seit ich ein Baby hatte, schrieb ich (mehr als) ein Protokoll.

PROTOKOLL EINER BABY-MAMA

5.07 Uhr Rascheln aus dem Stubenwagen.

5.08 Uhr Mein entzückendes Baby meckert wie eine Ziege.

5.13 Uhr Bestimmt ist es die nasse Windel, die es plagt. Ich wickele im Dunkeln. Vielleicht schläft es mit trockener Hose noch mal ein?

5.14 Uhr Mein Baby pinkelt in hohem Bogen über den Wickeltisch. Strampler und Schlafsack sind patschnass. Ich krame nach Wechselwäsche. Jetzt bin ich wach.

5.21 Uhr Mein Baby liegt frisch wie trocken wieder im Stubenwagen.

5.23 Uhr Erneutes Genörgel. Jetzt ist es bestimmt der Hunger. Ich stille.

5.42 Uhr Mein Baby ist satt, aber ungemütlich, strampelt unaufhörlich neben mir im Bett.

5.43 Uhr An Schlaf ist nicht mehr zu denken. Ich stehe auf und koche Kaffee. Die Milch reicht nicht mehr fürs Müsli. Ich notiere: Milch.

5.46 Uhr Mit meinem Baby auf dem Arm räume ich die Küche auf und spüle die Pfanne, in der die Käsenudeln von gestern Abend kleben.

6.03 Uhr Verschlafen schlürfe ich meinen Kaffee. Knatterknatterknatter. Ganz eindeutig hat mein Baby diesmal in die Windel getroffen.

6.07 Uhr Erneuter Windelwechsel. Erneuter Komplett-Wäschewechsel.

Ziemlich genau so geht mein Protokoll weiter. Viel mehr kommt da nicht. Bis ich um 21.37 Uhr, ohne vorher die Zähne geputzt zu haben, in mein Bett falle – wohl wissend, dass auch der nächste Tag für mich um ziemlich genau 5.07 Uhr mit einem Rascheln im Stubenwagen beginnen wird.

Ein Baby zu bekommen, ist 'ne Nummer. Mit jedem, das dazu kommt, wird's 'ne Nummer schärfer. Aber mit dem ersten fängt alles an. Zum Zeitpunkt des Protokolls war mein Baby sechs Monate alt.

Was ich an diesem exemplarischen Tag zustande gebracht hatte? Tatsächlich nicht viel mehr, als besagte Milch zu besorgen. Aber „Ich habe Milch besorgt" als Antwort auf die Frage „Was machst du eigentlich den ganzen Tag?" wäre mir ähnlich seltsam vorgekommen wie „Ich habe die Wassermelone getragen" in Dirty Dancing.

Auch wenn es das in gewisser Weise auf den Punkt gebracht hätte: Ich hatte das Baby getragen. Mein Tag quoll über vor Liebe für dieses kleine, propere Wesen, das mir da in die Wiege gelegt worden war. Ich war rund um die Uhr damit beschäftigt, es zu umsorgen, zu füttern und zu pflegen. Laut Protokoll habe ich am 25. Juli einmal geduscht, während mein Baby schlief. Einmal habe ich die Waschmaschine angestellt und auf dem Weg nach draußen eine Ladung stinkender Windeln zur Tonne transportiert. Später soll ich es glatt noch versucht haben, meiner Freundin eine E-Mail zu schreiben, die da im Büro saß und sich fragte, was ich eigentlich den ganzen Tag so trieb. Es muss bei einem Versuch geblieben sein. Dann war wohl schon wieder Zeit für den Brei.

Und jetzt tu mir mal bitte den Gefallen
und beantworte die Frage:
Was machst du eigentlich den ganzen Tag?

VIELLEICHT IST EIN GEMEINSAMES NICKERCHEN IM ALLTAG MIT BABY AM ENDE DOCH

das einzig Kluge?!

NA BRAVO.
WIEDER NICHTS GESCHAFFT HEUTE.

Ich will ehrlich sein. Als Mutter wird dich von nun an abends oft ein ganz bestimmtes unangenehmes Gefühl heimsuchen. Das Gefühl, „mal wieder nichts geschafft zu haben". Du wirst aufs Sofa fallen und dich regelmäßig fragen: „Warum bin ich eigentlich so erschöpft? Ich war doch nicht mal im Büro!", denkst du vielleicht weiter, und da rufe ich ganz laut: *STOPP!*

Du übersiehst gerade zwei sehr wichtige Dinge.

Erstens: Elternzeit ist genauso wenig Urlaub wie Mutterschaft allein eine Frage der Leidenschaft.

Und zweitens: Nur weil du am Ende eines Tages keine sichtbaren Erfolge vorweisen kannst, heißt das noch lange nicht, dass du nicht gearbeitet hast.

Mach dir bewusst, was du da gerade leistest!

Guck mal, welche Arbeit und Liebe du tagtäglich in dein Baby steckst. Wie viele Gedanken du dir machst und wie viel Zeit du investierst. Es liegt in der Natur der Sache, dass da weniger Kapazität ist für all die anderen Dinge. Auch wenn du vermeintlich den ganzen Tag zu Hause bist! Vielleicht warst du daran gewöhnt, am Ende eines langen Arbeitstages einen dicken, fetten Haken zu machen hinter all das, was du erfolgreich erledigt hast. Womöglich hast du dich stolz und zufrieden nach Feierabend aufs Sofa geknallt.

Mit Baby ist das plötzlich anders. Die Krux am Mama-Job ist, dass viele der Arbeiten, die du verrichtest, unsichtbar sind. Viele finden in deinem Kopf statt und stehen auf keiner To-do-Liste der Welt. Auch eine traurige Wahrheit: Du verdienst kein Geld im Mama-Job. Versuche, dir bewusst zu machen, dass das, was du da gerade tust, von großem Wert ist und das, was du ohne Baby an diesem einen Tag hättest schaffen können, weder die Messlatte noch das Ziel!

MAMASEIN IST DER SCHÖNSTE JOB AUF ERDEN

Aber Achtung! Der Mama-Job ist auch ein Job, der dich 24 Stunden am Tag, sieben Tage in der Woche vollumfänglich beschäftigen kann. Ein Job, der täglich neue Fragen aufwirft. Der dich Kraft kostet. Körperlich und mental. Ein Job, in dem du viel lernst, permanent in Bewegung bist und an deine Grenzen gerätst. Darum ist es wichtig, dir immer mal wieder vor Augen zu führen, was du da tagtäglich leistest. Notiere, was dich heute besonders angestrengt hat, aber auch was dir Freude bereitet hat und worauf du morgen achten willst.

Besonders anstrengend fand ich heute:

....

....

....

....

....

....

....

Mein besonderer Mama-Moment heute:

....

....

....

....

....

Das habe ich heute nur für mich gemacht:

....

....

....

....

Das liegt mir auf dem Herzen:

....

....

....

....

Darauf will ich morgen achten:

....

....

....

....

....

....

Darauf freue ich mich:

....

....

....

....

....

....

Selfcare kann durchaus heißen: Ich koche mir einen Tee und lese ein paar Seiten in meinem Buch.

Das gönne ich mir

Selfcare bedeutet für jede*n etwas anderes. Hier ein paar Inspirationen. Kreise ein, was spontan gut für dich klingt, wofür du in deinem Tag gerne Zeit finden willst oder worauf du dich freuen würdest:

ausschlafen – meditieren – Milchkaffee mit Keks – frische Luft

Tagebuch schreiben – wandern – Pediküre – malen

zum Fenster hinausgucken – Badewanne – ausmisten

in der Schublade kramen – ausgehen – Körperpflege

feiern – einfach mal gar nichts tun – spazieren gehen

Kaffee trinken mit einer Freundin – Duftkerze – Möbel rücken

Fahrrad fahren – auf der Couch liegen

eine Verabredung absagen – lesen – eine Serie gucken – kochen

Kuchen backen – Gurkenmaske – Kleiderschrank sortieren

kreativ sein – basteln – mit der Schwester telefonieren – reisen

einen Wochenendtrip planen – einen anderen Stadtteil erkunden

heißes Zitronenwasser trinken – Yoga

einen Workshop buchen – schlafen – ins Möbelhaus fahren

Zimmerpflanze umtopfen – fortbilden

eine Playlist für die erste Stunde am Morgen erstellen

Musik hören – fünf Dinge aussortieren – Wellness

ins Bett kriechen – ein Buch schreiben – Podcast hören

bei der Nachbarin klingeln – Nägel lackieren – ins Museum gehen

in die Berge fahren – schwimmen gehen – kuscheln – stricken

ein Instrument spielen – heiß duschen – laut singen – tanzen

ins Kino gehen – ein Gespräch führen – ein zweites Frühstück

Rennrad fahren – mal einen anderen Weg einschlagen

im Garten rumbuddeln – einen Waldspaziergang machen

einen Brief schreiben – Pause machen – Prosecco – Chips

im Regen tanzen – Glotze – bewusstes Atmen und Meditieren

Füße hochlegen – Fotos gucken – zum Friseur gehen

Sauna – ungestört über eine bestimmte Sache nachdenken

Lieblingsklamotten durchprobieren – Sonne tanken

Digital Detox – Körperpeeling – Nein sagen

einfach mal Ja sagen – joggen – Massage

an einem Visionboard basteln – ins Café gehen

Blumen pflücken oder kaufen – Zeitschrift durchblättern

Torte essen – Schaufensterbummel – neue Turnschuhe bestellen

Augenbrauen zupfen

ACHTUNG! Selfcare bedeutet nicht zwangsläufig, sich auszuruhen. Vielleicht ist dir spontan nach ganz anderen Sachen? Wilden Sachen! Nach ungesund und Unvernunft! Wie wunderbar, du spürst in dich hinein! Bei Selfcare geht es darum, etwas Gutes für dich selbst zu tun. Das können durchaus auch Abenteuer, Action und Experimente sein.

Nur du allein kannst wissen, was dir guttut!

Jede Frau hat andere Bedürfnisse. Und die wiederum können an jedem Tag genau gleich aussehen, aber genauso gut jeden Tag anders. Heute ist mir vielleicht nach einem Spaziergang, um den Kopf frei zu kriegen. Und morgen nach einem wilden Mädelsabend oder einfach nur lauter Musik.

Ich habe eine Freundin …

… die stürzte sich im ersten Babyjahr mit größtem Vergnügen in einen Abend-Crashkurs zum Thema „Steueroptimierte Altersvorsorge". Das war ihr Ausgleich zur täglichen Windelschlacht.

… die joggte dreimal die Woche für eine Doppelstunde Crossfit ins Sportstudio. Sie brauchte das. Um ausgeglichen zu sein und sich schnell wieder wohlzufühlen in ihrer Haut.

… die pumpte ab und ging verlässlich samstagabends aus. Mit Freude und ohne Rücksicht auf Müdigkeit am Folgetag.

Tja. So unterschiedlich ist das. Was für die eine Kraftort ist, kann für die andere die blanke Horrorvorstellung sein. Ich will mich abends weder mit Steuerrecht beschäftigen, noch zieht es mich in eine Muckibude. An der Bar sitze ich manchmal sehr gerne. Aber im ersten Jahr mit Baby gab es für mich nur einen wahren Wohlfühlort, sobald es draußen dunkel wurde: mein Bett!

ABER JETZT SAG MAL:
WIE IST DAS BEI DIR SO?

Beantworte die folgenden Fragen nur für dich. Lass deiner Fantasie freien Lauf, es gibt keine Grenzen, alles ist möglich! Überlege, bei welcher Aktivität dir die Zeit wie im Flug vergeht, wovon du träumst und was dein Herz schon beim Gedanken daran höherschlagen lässt. Das können große Dinge sein und ganz kleine. Ergänze deine Liste, wenn dir Dinge zu einem späteren Zeitpunkt einfallen.

Was würdest du genau jetzt in diesem Moment am liebsten tun?

....

....

....

....

....

....

....

....

....

Was würdest du gerne regelmäßig tun,
zum Beispiel einmal in der Woche oder einmal im Monat?

Was würdest du gerne jedes Jahr wiederkehrend
fest für dich einplanen?

Auszeit:
JETZT!

Bei einer Sache sei dir sicher: Da wird nie der perfekte Zeitpunkt für eine Pause kommen im Alltag mit Kind(ern). Andersrum gedacht kann es aber auch nie den falschen Zeitpunkt für eine kleine Auszeit geben. Denk darüber mal nach!

SCHLUSS MIT „ICH MUSS NUR MAL NOCH SCHNELL ...“

Im Mama-Alltag steht immer ein dickes, fettes MUSS im Raum. Dieses MUSS geht da nicht weg. Niemals. Denn Fakt ist, dass niemals der Moment kommen wird, in dem all das MUSS erledigt ist. Also sollten wir lernen, das dicke MUSS regelmäßig beherzt beiseitezuschieben. Und auch seine kleine Schwester ICH MÜSSTE DRINGEND MAL zurück aufs Wartebänkchen zu setzen.

Eine Pause machen bedeutet genau das. Dinge bleiben lassen, von denen ich denke, ich müsste sie. Das geht mit einer ordentlichen Portion „Ach, egal!" und der Gewissheit: Ich bin immer noch eine gute Mutter, wenn ich mir den Einkauf erlasse und beim Kauf des Fellsacks auf mein Augenmaß vertraue. Sollte er nicht in den Kinderwagen passen, knautsche ich ihn eben ein bisschen. Ist halt dann so.

Und da ist er, der Satz, den ich so liebe:

Ist halt so.

Ehrlich gesagt ist das ein Satz, den ich von meinen Kindern übernommen habe. Oder von meiner Schwiegermutter? So genau kann ich das gar nicht rekonstruieren. Auf jeden Fall fällt er in unserer Familie häufig und ist gleichzeitig zu einem meiner Lieblingssätze geworden. Ich empfehle dringend, ihn in deinen Alltagswortschatz aufzunehmen. Wollen wir gemeinsam üben?

Das Wohnzimmer sieht aus wie Sau. > Ist halt so.
In der Spüle steht gestapelt das Geschirr von gestern. > Ist halt so.

UND JETZT DU!

Notiere ein paar Dinge, die du heute einfach so hinnehmen willst. Die dich nicht weiter beschäftigen oder gar ärgern sollen:

SELFCARE OUT-OF-THE-BOX

Eine österreichische Schriftstellerin sagte einmal, man höre das Glück nicht immer, wenn es kommt, aber sehr wohl, wenn es geht. Ich finde, das trifft's im Alltag mit Baby sehr gut. Da sind viele Momente, die du für dich nutzen könntest. Aber meist merkst du erst, dass sie da waren, wenn sie schon wieder vorbei sind.

Manchmal kommen Momente und Freiräume für dich ganz unerwartet. Wenn dein Partner spontan eine Runde mit dem Kinderwagen dreht. Wenn dein Baby zu ungewohnter Stunde einschläft. Plötzlich stehst du da und merkst: Jetzt habe ich Zeit für mich! Dann fängst du vielleicht an zu überlegen: Worauf habe ich eigentlich Lust? Wonach ist mir, was würde ich jetzt gerne tun? Und dir fällt partout nichts ein.

Für diesen Fall empfehle ich einen Korb oder eine Kiste, die du mit all den Dingen füllst, die du gerne machen würdest, wenn du ganz unverhofft mal ein bisschen Zeit für dich hast. Das kann ein Reisemagazin sein, ein Buch, das du schon lange lesen willst, deine Lieblingsschokolade mit Limetten-Knallbrause, eine besondere Handcreme oder auch das Baby-Album, in das du regelmäßig neue Fotos von deinem kleinen Schatz einklebst. Was ich dringend auch darin aufzubewahren empfehle, ist ein Notizblock mit Stift. In ruhigen Momenten kommen die besten Ideen!

Was legst du in deinen Selfcare-Korb?

DIE ACHTSAME MINUTE

Es muss nicht immer eine Aktivität sein. Gerade in der ersten Zeit mit Baby sind es oft die kleinen Entspannungsmomente, die unseren Stresspegel senken können und aus denen wir Kraft schöpfen.

Versuche, dir immer wieder eine kleine Auszeit zu schenken. Sie muss gar nicht lang sein. Hin und wieder eine bewusste Minute nur für dich kann viel bewirken.

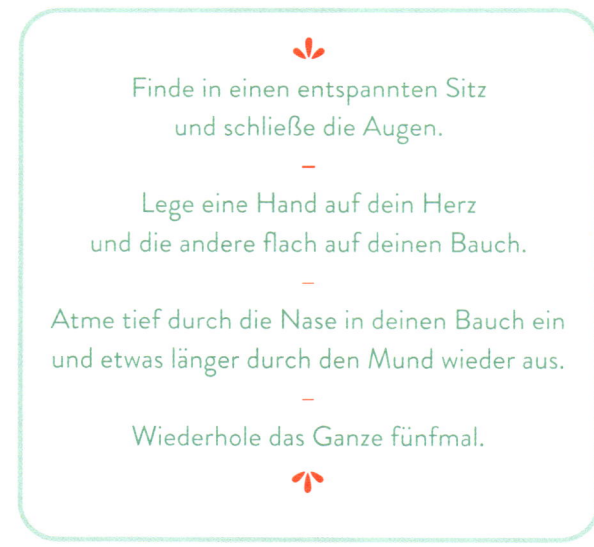

Finde in einen entspannten Sitz
und schließe die Augen.

–

Lege eine Hand auf dein Herz
und die andere flach auf deinen Bauch.

–

Atme tief durch die Nase in deinen Bauch ein
und etwas länger durch den Mund wieder aus.

–

Wiederhole das Ganze fünfmal.

Deine achtsame Minute kannst du problemlos mehrmals am Tag in deinen Alltag einbauen. Du wirst sehen, diese kleine Übung sorgt dafür, dass sich dein Atem beruhigt und mit ihm auch dein Körper und dein Geist sich entspannen.

MAMA SEIN

bedeutet die

PERMANENTE GLEICHZEITIGKEIT VON ALLEM.

Aufgaben aller Art, Gedanken aller Art,
Gefühle aller Art
und Zuständigkeiten aller Art.

Selfcare – für Körper, Geist und Seele

Das Mamasein fordert uns auf allen Ebenen: körperlich, mental und sozial. Einzig logische Konsequenz: Auch Selfcare kann nicht eindimensional funktionieren. Richtig?

Im ersten Jahr mit Baby sind wir chronisch übermüdet. Vielleicht fühlen wir uns auch noch nicht wieder so richtig wohl in unserem Körper. In Sachen Wohlbefinden können wir schon viel erreichen, wenn wir auf eine gesunde Ernährung achten und uns regelmäßig bewegen. Aber auch ein ausgedehntes Schaumbad, die berühmte Gurkenmaske oder die gute alte Pediküre können ein Anfang sein, wenn es darum geht, uns etwas Gutes zu tun.

Darüber hinaus finden viele Aspekte von Selfcare auf mentaler Ebene statt. Zum Beispiel sind da besagte Glaubenssätze, die uns unter Druck setzen oder aber freundlich durch den Alltag begleiten können. Je besser wir uns und unsere Gedankenwelt reflektieren, desto besser können wir auch mit Ängsten und Sorgen umgehen, die unsere neue Verantwortung oft begleiten.

Schließlich ist Selfcare auch im sozialen Kontext zu verstehen. Hier spielt die Beziehung zum Partner oder zur Partnerin eine tragende Rolle, aber auch andere Familienangehörige und Freundschaften können von großer Bedeutung sein – sei es in Form von Unterstützung oder der Chance auf Fluchten in andere Themen- und Erlebniswelten.

Was ich hier so schön theoretisch unterteile, ist in Wirklichkeit eng miteinander verwoben und gar nicht so leicht aufzudröseln. Und das ist gut so! Im besten Fall leben wir Selfcare nämlich auf eine ganzheitliche Weise. Denn dann kann selbst die lapidare Gurkenmaske in vielerlei Hinsicht positiv wirken!

WAS KÖNNEN GURKEN IM GESICHT?

Die Gurke kann was. Einmal ist da der viel beworbene Frischeeffekt für unsere Haut. Über den sprechen wir noch. Ihren wahren Benefit sehe ich aber in einer ganz anderen Sache: Mit ihr gehen zehn bis fünfzehn Minuten des Ruhens und nichts als des Ruhens einher, wenn ich sie mir als Maske ins Gesicht klatsche. Denn mit Gurken im Gesicht kann ich schlecht stillen, spazieren oder Söckchen sortieren, richtig? Das ist der Effekt, der für mich in erster Linie zählt!

Ob die Gurkenmaske auch einen Effekt auf sozialer Ebene mit sich bringt? Gute Frage ... Wohl eher nicht. Es sei denn, ich mache ein kleines Wellness-Event daraus und trage mir die Maske gemeinsam mit meiner Freundin auf. Idee?

Ganz simpel heißt das: Eine Gurkenmaske ist besser als keine Gurkenmaske. Eine Gurkenmaske ist ein Anfang. Und: Eine kleine Sache wie die Gurkenmaske kann durchaus eine große Wirkung haben – wenn ich sie denn mit Liebe auftrage und die Einwirkzeit auch wirklich zelebriere.

Warum ich dir hier dauernd mit der Gurkenmaske komme? Weil sie so wunderschön sichtbar macht, was Selfcare sein soll. Etwas allein für dich. Und von einer Gurkenmaske hat nun wirklich niemand etwas außer dir. Ha!

WAS TUST DU HEUTE ALLEIN FÜR DICH?

Auf den folgenden Seiten findest du Anregungen, wie du dir im Alltag mit Baby Gutes tun kannst – auf körperlicher, mentaler und auf sozialer Ebene. Versteh dies keinesfalls als Maßnahmenkatalog, den es abzuarbeiten gilt. Viel lieber will ich dir ein paar gute Gedanken in deinen Alltag streuen und dich auf Ideen bringen – auf dass du dir kleine Auszeiten erlaubst, ohne auch nur den Anflug eines schlechten Gewissens!

GUTES
für deinen
KÖRPER

Du bist nicht du, wenn du hungrig bist!

Hunger verträgt sich ganz und gar nicht mit stressigen Baby-Zeiten. Also lass uns dem Hunger zuvorkommen, zum Beispiel mit diesen kleinen Bällchen hier. Unterwegs und zwischendurch sorgen sie für den ultimativen Energiekick. Wenn du sie in eine luftdichte Dose packst, sind deine Energiekugeln eine gute Woche haltbar. Ideal als Notration in der Wickeltasche oder auf Vorrat unten im Kinderwagen!

GRÜNE ENERGIEKUGELN

Zutaten für ca. 10 Bällchen:

30 g	Kokosraspeln
120 g	gemahlene Mandeln
2 EL	Matcha-Pulver
250 g	geschälte Pistazien
6	Datteln (entkernt)

ZUBEREITUNG:

1. Kokosraspeln, 1 EL gemahlene Mandeln und 1 TL Matcha-Pulver in einer Schüssel vermengen.
2. Restliches Matcha-Pulver mit restlichen Mandeln, den Pistazien und Datteln mit dem Mixer zu einer Paste pürieren.
3. Die zähe Masse mit den Händen zu kleinen Kugeln rollen und in der Kokosmischung wenden.
4. In einer luftdichten Dose verwahren.

Matcha ist eine grüne Teesorte, stammt ursprünglich aus China und zählt heute zu den kostbarsten Teesorten Japans. Die Matcha-Teeblätter werden zu Pulver verarbeitet und enthalten viel Koffein. So macht Matcha wach und verbessert gleichzeitig Konzentration und Ausdauer. Echte Powerkugeln also! Aber Achtung: Besonders wenn du stillst, solltest du nicht alle zehn auf einmal essen ... Auch wenn's schwerfällt!

Mamas Mahlzeit

Mit Baby essen wir oft nebenbei, unterwegs und unregelmäßig. Wir schieben uns was rein, wenn wir Hunger haben, und ersetzen im Eifer des Gefechts auch mal eine Mahlzeit durch eine Tasse Milchkaffee. Das geht nicht lange gut. Bereits nach kurzer Zeit können Vitamin- oder Mineralstoffmangel zu Erschöpfung führen. Gerade in stressigen Zeiten ist eine ausgewogene Ernährung wichtig, und für die brauchen wir einen Plan!

„ **Ehrlich? Jetzt kriege ich endlich das mit der Beikost gebacken, nun soll ich auch noch meine Mahlzeiten planen?** "

Es gibt irre viele Gründe, warum du das nicht schaffst oder schlicht keine Lust drauf hast. Die sind alle berechtigt und absolut nachvollziehbar. Auch dass dir an manchem Abend einfach nur noch nach Couch, Rotwein, einer Tüte Chips und Glotze ist! Ich bin die Letzte, die das verurteilen will. Ganz im Gegenteil! Trotzdem will ich einen Gedanken mit dir teilen, mit dem ich ernährungstechnisch im Alltag oft die Kurve kratze:

Was kann ich Vernünftiges essen, bevor ich mir die Tüte Chips reinknalle?

Ich versprech's: Chips, Schokolade oder die Kombination aus beidem schmecken gleich noch besser, wenn wir vorher etwas Gesundes gegessen haben. Im Idealfall besteht „etwas Gesundes" aus Vollkorn, Obst oder Gemüse. Ernährungsexperten empfehlen darüber hinaus, dass wir unsere Mahlzeiten, auch die Snacks, selbst zubereiten. Wie jetzt? Auch noch kochen?

Vorkochen und einfrieren ist eine feine Sache! Spart Zeit, Kraft und Nerven und sorgt für einen ausgewogenen Speiseplan, wenn wir denn ein bisschen Hirnschmalz in die Planung stecken!

MEIN SPEISEPLAN

Zum Frühstück bietet sich ein Müsli oder Porridge an. Je vollwertiger deine morgendliche Mahlzeit, desto besser startest du in den Tag – zumindest aus ernährungstechnischer Sicht. Obst oder Nüsse sind ideale Snacks für zwischendurch.

Plane deine Mahlzeiten zu Beginn der Woche und fang mit der Frage an: Worauf habe ich Lust? Kochen ist immer auch Fürsorge. Mach dir mit derselben Sorgfalt Gedanken über deine Mahlzeiten und bereite sie mit derselben Liebe zu, wie du das für dein Baby tust. Du musst aus gesunder Ernährung keine Wissenschaft machen. Nur wissen, dass – gerade wenn du stillst – dein Bedarf an Mineralstoffen, Vitaminen, Eiweiß und Fett besonders hoch ist. Achte bei der Auswahl deiner Wochengerichte also auf ein möglichst ausgewogenes Zusammenspiel von Fisch, Fleisch, Kohlenhydraten, Milchprodukten, Obst und Gemüse. Die Mischung macht's!

Du kochst nicht gerne? Dann überlege: Welche Gerichte hast du vorbereitet? Vielleicht kocht dein Partner oder deine Partnerin am Wochenende größer und ihr friert ein paar Portionen ein? Gibt es einen guten Lieferdienst? Oder einen Vietnamesen, der auf einem deiner Wege liegt?

Auch ich bin weder eine begnadete Köchin noch stehe ich mit Leidenschaft am Herd. Mit meinem Speiseplan möchte ich also lieber nicht protzen. Dennoch teile ich hier ein paar Gerichte aus den allererstern Babyjahren mit dir, die bis heute auf meiner Liste stehen. Vielleicht inspirieren sie dich beim Befüllen deines Plans?

Lachs mit Brokkoli und Salzkartoffeln

Currygeschnetzeltes mit Reis*

schnelle Pasta* mit Zucchini & Parmesan

Kartoffelbrei mit Spiegelei & TK-Gemüse

Kaiserschmarrn* mit Apfelmus

Kürbissuppe mit Croutons

* Ergänze hier gerne immer „Vollkorn" vor Reis,
Nudeln und Mehl. Ich will dir da nicht
reinquatschen oder gar den Anschein erwecken,
ich kochte rein mit Vollkornprodukten. Dem
ist nicht so. Ich liebe meinen Kaiserschmarrn
mit Weizenmehl 405. Dafür greife ich bei Reis
und Brot ins Vollkornregal. Denn ich sag ja:
Die Mischung macht's! Finde deine!

WIE WILLST DU DEINE WOCHE PLANEN?

 Nimm diese Tabelle als Anreiz und Vorlage,
deine Mahlzeiten planvoll zu gestalten.

	FRÜHSTÜCK	MITTAGESSEN	SNACKS	ABENDESSEN
MO				
DI				
MI				
DO				
FR				
SA				
SO				

NIE OHNE EINKAUFSLISTE

Wenn ich hungrig bin, kaufe ich grundsätzlich zu viel von allem und noch dazu Dinge, die wir gar nicht brauchen. Vieles schaffen wir gar nicht zu essen, ergo schmeiße ich viel weg. Geld, Zeit und Nerven sparen wir uns, wenn wir mit Einkaufszettel losziehen, um Futter in die Höhle zu holen. Statt für jede Packung Nudeln einzeln loszugehen, lohnt es sich, Vorräte anzulegen. Ich musste viele Kinder kriegen, bis ich das mal kapiert habe. Vielleicht schaffst du das schneller?!

GLUCK, GLUCK, GLUCK

„Stell dir überall ein Glas Wasser hin. Auf den Nachttisch, auf den Esstisch, in die Küche, neben das Sofa. Und dann trink jedes Glas aus, an dem du vorbeikommst!" Das war der erste Tipp meiner lieben Hebamme Leonie. Ich beherzige ihren Rat bis heute und trinke schon morgens ein Glas. So bring ich es im Laufe des Tages auf die empfohlenen zwei Liter.

Was ich dabei auch erst lernen musste: Ein Glas Wasser, das wir bewusst trinken, schmeckt besser! Und es hat einen positiveren Effekt als eines, das wir gestresst hinunterstürzen, nur weil wir das eben „müssen". Beim Wort Achtsamkeit rollen viele mit den Augen, und ja, müssen wir damit ausgerechnet beim Wassertrinken anfangen?!

Eben genau da! Wenn wir es nämlich schaffen, bei klitzekleinen Handlungen im Moment zu sein, kommt automatisch Ruhe rein in unseren womöglich hektischen Tag, denn wir hetzen im Geiste nicht schon den nächsten hundert Dingen hinterher.

KAROTTE-MANGO-DRINK

Manchmal haben wir keine Lust zu kochen. Manchmal vergeht uns der Appetit. Und manchmal ist uns einfach nur nach einer kleinen Erfrischung. Was hältst du von einem Drink? Das folgende Rezept ergibt ein schnelles Glas für dich!

Zutaten für 1 Glas:

Fleisch von 1/2 Mango
150 ml   Karottensaft
    1 TL   Rapsöl
  50 ml   Buttermilch
  ½ TL   Leinsamen
1 Spritzer Zitronensaft

ZUBEREITUNG:

Alle Zutaten im Mixer pürieren, den Spritzer Zitronensaft dazu, fertig! Wenn du es dir besonders hübsch machen magst, packst du noch ein Blatt frische Minze obendrauf und einen Strohhalm dazu.

Dieser Drink tut im Sommer wie im Winter gut und macht allein wegen seiner Farbe schon gute Laune. Die Leinsamen bringen darüber hinaus deine Verdauung in Schwung. Mango und Karotten liefern viel Vitamin A on top. Wunderbarer Nebeneffekt: Wir fühlen uns von innen schön und sehen die Welt gleich wieder etwas klarer. Oder einfach nur bunter!

Mein persönlicher Beauty-Tipp für dich: Die ausgepresste Zitronenhälfte wandert bei mir nie direkt in den Müll, sondern dreht immer eine Extrarunde über meine Ellenbogen und – weil's so schön ist – gleich auch noch über meine Knie! Einmal linksherum und einmal rechtsherum. Macht herrlich zarte Haut an sträflich vernachlässigten Stellen!

„AUA,
mein Rücken!“

„OHA,
mein Bauch!“

„ACH,
du liebe Brust!“

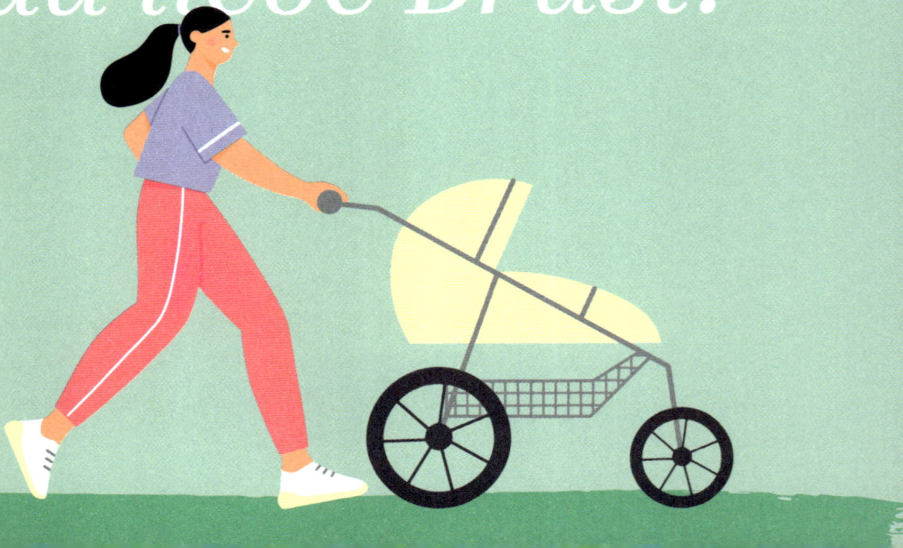

Auf zu neuen Formen!

Sanfte Routine ist das Stichwort, wenn es um Bewegung und Fitness im ersten Jahr mit Baby geht. Warum die richtig und wichtig ist, brauche ich dir nicht zu sagen. Das spürst du. Vom vielen Tragen tut gerne mal der Rücken weh. An manchen Tagen ist die Brust besonders schwer. An anderen scheint sie gänzlich verschwunden. Alles ist möglich bei so einer Brust in Zeiten der Familiengründung. Ein bis zwei Etagen tiefer flattert die Bauchdecke fröhlich mit dem Beckenboden um die Wette. Auch Sehnen, Bänder, Gelenke und Muskeln sind schlapp.

Nach Schwangerschaft und Geburt müssen wir erst mal wieder alles geraderücken, uns neu ausrichten, vielleicht sogar eine ganz neue Haltung einnehmen – uns und unserem Körper gegenüber! Um unseren Halteapparat wieder stabil zu kriegen, muss es nicht immer gleich der ausgeklügelte Trainingsplan sein. Vielleicht hast du einen Rückbildungskurs gemacht. Vielleicht hast du das vor. Vielleicht hast du die Anmeldefrist versäumt. Das macht nichts. Es ist nie zu spät und du hast alle Zeit.

Jeder Körper erholt sich ganz individuell von Schwangerschaft und Geburt. Gib dir Zeit und sei nicht zu streng mit dir!

♡

Wenn du die Weltgesundheitsorganisation fragst, dann rät sie dir zu einer guten halben Stunde Sport am Tag. Ideal wäre eine Kombination aus Ausdauer- und Krafttraining. Wenn ich dir das mal in den Baby-Alltag übersetzen darf: Dein täglicher Spaziergang mit Kinderwagen im Park ist schon die halbe Miete!

FLOTT, FLOTTER, AM FLOTTESTEN

Wenn du flott gehst, dich dabei um eine aufrechte Haltung bemühst, den Beckenboden anspannst und den Bauchnabel einziehst, dann ist das vom Effekt nah dran am Joggen. Ich weiß nicht, wie es dir geht, aber ich jogge äußerst ungern. Darum freue ich mich, wenn meine Gynäkologin sagt: Joggen im ersten Jahr mit Baby lieber nicht. Von wegen Beckenboden und so. Wovon Frau Dr. B. in diesem Zusammenhang übrigens noch strenger abrät: vom Naseputzen auf dem Klo! Das mag der Beckenboden gar nicht. Da fühle ich mich kurz ertappt! Woher weiß sie, dass ich schnäuze, wenn ich strulle? Machst du das auch? Dann lass uns schnell aufhören damit. Erst recht im Wochenbett!

Aber noch mal zurück zum flotten Gehen. Warum genau ist das so super? Na ja. Zum einen bekommen wir straffere Waden. Ach! Deine Waden sind gar nicht deine Problemzone?

TIPP: Ich trickse mich in Babyzeiten gerne aus und blende die Stellen, mit denen ich gerade nicht besonders glücklich bin, für eine Weile aus. Stattdessen rücke ich ein anderes Körperteil in den Fokus. Auf diese Weise stehen die Chancen gut, dass ich positiv überrascht bin, wenn ich nach einer gewissen Zeit mal wieder genauer hingucke.

TIPP ON TOP: Was ich in diesem Zusammenhang dringend rate zu eliminieren, ist die Waage. Wir haben keine, und das nimmt direkt den Druck, glaub mir! Schmeiß sie raus oder sperr sie zumindest für eine Weile in den Schrank, denn:

Du bist so viel mehr
      als die Zahl auf
deiner Waage!

Die Menschen, denen du etwas bedeutest, wertschätzen dich für die Person, die du bist. Da ist völlig irrelevant, ob du noch ein paar Pfunde mehr um die Hüften hast. Und was noch viel wichtiger ist als der Blick der anderen: Sei auch du dir nicht die größte Kritikerin! Richte dich beim Spazieren lieber schön auf, spann den Bauch an und konzentriere dich auf deine Waden, die da mit jedem Tag, den du läufst, stramm und strammer werden!

Du merkst, ich bin ein großer Fan des flotten Gehens. Zum einen, weil wir ganz beiläufig und ohne uns groß zu quälen, wieder in Form kommen können. Zum anderen, weil flottes Gehen wie Joggen die Ausschüttung von Glückshormonen auslöst. Und die tut uns gut! Im besten Fall können wir nach einer flotten Runde ums Karree freundlicher blicken auf uns und unseren Körper.

BUGGY-FIT

Vielleicht hast du es aber auch etwas eiliger als ich und willst dich, so schnell es geht, wieder rundum wohlfühlen in deinem Körper. Dann habe ich auch eine gute Nachricht für dich: Du kannst viel dafür tun!

ACHTUNG, VERSTECKTE ÜBUNG: Immer mal wieder sehe ich Mamas, die den Kinderwagen zum Trainingsgerät umfunktionieren. Wenn ich das richtig beobachte, machen sie Ausfallschritte im Wechsel links-rechts und führen im selben Rhythmus die jeweils gegenüberliegende Hand zum Lenker ihres Wagens. Ich habe am Wegesrand auch schon Mütter in der Standwaage gesehen, beide Hände dabei fest am Lenker, ein Bein nach hinten ausgestreckt, die Wirbelsäule lang, der Blick starr in Richtung Boden.

Fühl dich frei, spontan zu experimentieren! Fakt ist nämlich: Bewegung tut gut. Gerade wenn du dich noch nicht wieder so richtig wohlfühlst in deiner Haut. Musik auf den Ohren und eine schöne Playlist können dich motivieren und lassen dich glotzende Passant*innen wie mich leichter ausblenden.

WECKE DIE YOGINI IN DIR!

Ob du nun engagierter an dir arbeiten magst oder es langsamer angehst, ich habe eine Übung für dich, die du einmal täglich durchführen oder in Endlosschleife wiederholen kannst:

DER HUND, DER ZUM BODEN SCHAUT

Adho Mukha Svanasana ist eine Übung, mit der du sanft deinen gesamten Körper mobilisierst und stärkst. Du benötigst für diese Übung weder Yoga-Vorerfahrung noch besondere körperliche Fitness. Alles, was du brauchst, ist bequeme Kleidung und eine rutschfeste Unterlage. Wenn du keine Matte hast, tut's auch der Wohnzimmerteppich.

❀

Knie dich auf deine Matte. Der Po liegt dabei auf deinen Fersen, deine Knie sind hüftbreit geöffnet, deine Zehenspitzen aktiv und aufgestellt.

❀

Lege deinen Oberkörper auf den Knien ab. Strecke die Arme gerade nach vorn und lege sie lang vor dir auf dem Boden ab.
Dein Blick geht nach unten in Richtung Matte.

❀

Nun hebst du den Po und kommst in den Vierfüßlerstand.
Den Rücken hältst du dabei gerade, deine Handflächen liegen schulterbreit auf dem Boden, deine Finger sind lang und weit aufgespreizt.

❀

Jetzt schiebst du die Hände fest in den Boden, hebst kontrolliert die Knie und drückst deinen Po nach oben in Richtung Decke. Strecke deine Beine. Wenn sich das für dich unangenehm im unteren Rücken anfühlt oder die Dehnung in der Beinrückseite zu intensiv ist, beuge die Knie leicht.

❀

Gerade wenn du Yoga-Anfängerin bist, versuche, den Fokus auf die Streckung des Rumpfes zu legen und nicht so sehr auf die Streckung der Beine. Drücke dazu fest in deine Hände, sodass dein Po in Richtung Himmel strebt.

Die Fersen wandern nach unten in Richtung Boden. Dein Nacken ist entspannt, dein Blick zwischen die Füße gerichtet.

Herzlichen Glückwunsch, du bist im Hund!

Traditionell wird diese Asana (Übung) für fünf Atemzüge gehalten. Konzentriere dich dabei ganz bewusst auf deine Atmung.

Senke langsam ab. Wiederhole die Übung, sooft du magst.

Randnotiz: Ich flüstere dir, was meine Yoga-Lehrerin Alexandra zu sagen pflegt, wenn meine Oberarme im Hund zu zittern beginnen: „Es ist nicht ein Durchhalten. Es ist eher ein Erleben."

„Na dann!", denke ich und das Ganze fühlt sich direkt viel leichter an. Danke dafür, liebe Alexandra!

Der Hund, der zum Boden schaut, ist nicht umsonst die wohl bekannteste Asana. Wenn du ihn regelmäßig machst, kannst du Verspannungen nicht nur lösen, womöglich kommst du ihnen sogar zuvor!

Der Hund ist perfekt geeignet, um deinen Körper stark und aktiv zu machen und dich gleichzeitig geistig in deine Mitte zu bringen. Noch dazu hebt er die Stimmung! Spätestens wenn du dabei an Alexandra denkst. Ehrlich, probier's aus!

Jedem Anfang wohnt ein Zauber inne, so auch der Gurke!

Glück mit Gurke

Okay. Ich habe mich zu Anfang ein bisschen lustig gemacht über die gute alte Gurkenmaske. Und ich bleibe dabei: Sie kann mitnichten eine Lösung sein, wenn ich im Alltag mit Baby oder in der Mutterrolle im Allgemeinen Stress empfinde. Aber was die Gurkenmaske durchaus sein kann, ist ein Anfang!

Für dieses Buch habe ich in Sachen Gurkenmaske viel recherchiert – fernab von Ratgebern, eher im Selbstexperiment. So habe ich die wahre Bedeutung der Gurkenmaske für mich als Mutter herausgefunden, als ich mit einer ordentlichen Ladung Quark im Gesicht und zwei dicken Gurkenscheiben auf den geschlossenen Augenlidern auf dem Sofa lag. Die Gurkenmaske ist aus zwei Gründen geradezu gemacht für frischgebackene Mütter:

a Mit Gurken im Gesicht bist du gezwungen, die Augen für eine gewisse Zeit geschlossen zu halten.

b Mit Gurken im Gesicht kannst du nicht einfach aufstehen. Dann rutscht dir dein Quark-Arrangement nämlich unschön die Wangen hinab, und *die* Sauerei will wirklich keiner sehen!

Für dich als Mama bedeutet das, es muss mindestens eine weitere Person im Haushalt anwesend sein, die sich um das Baby kümmert, während du daliegst mit Gurken im Gesicht. Ich kann dir raten: Nutze jede Gelegenheit, wann immer sie auch kommt!

DIE GURKE
ALS ALLROUNDTALENT

Aus Beauty-Perspektive ist der Clou an der Gurke ihr hoher Wassergehalt von rund 95 Prozent. Sie ist also die Feuchtigkeitsspenderin schlechthin, vergleichbar mit der Aloe vera. Sie versorgt deine Haut mit Feuchtigkeit und eignet sich bestens auch zur Beruhigung gestresster Haut.

Weil sie viel Kieselsäure und Antioxidantien enthält, kann sie sogar dunkle Schatten unter den Augen mildern. Auch bei Hautunreinheiten soll der Saft der Gurke die Lösung sein. Also, probieren wir's aus?

Vielleicht entwickelst du aus der Gurkenmaske ja eine schöne Routine nur für dich. Eine Routine, die dir ein bisschen Frische ins Gesicht zaubert oder einfach nur eine kurze Verschnaufpause beschert. Vielleicht kannst du sogar einmal lachen, wenn du daliegst und denkst: Keine Lösung, aber ein Anfang!

Nachfolgend findest du ein paar Varianten von Gurkenmasken. Probiere sie einfach mal durch und guck, welche sich für dich gut anfühlt beziehungsweise welche bei dir die gewünschte Wirkung zeigt für Haut und/oder Seele. Vier kleine Dinge vorweg:

1. „Mit Essen spielt man nicht." Das ist richtig, aber bei der Gurke wollen wir eine Ausnahme machen, weil sie als Haut- und Seelenschmeichler mindestens so viel draufhat wie als Zutat im Salat.
2. Idealerweise verwendest du eine Bio-Gurke, damit keine Pestizide an deine Haut kommen.
3. Gurke unter fließendem Wasser waschen und nicht schälen. Unter der Schale sitzen die meisten Vitamine.
4. Wenn du die Gurke direkt aus dem Kühlschrank verwendest, hat sie einen zusätzlich kühlenden Effekt.

GURKENMASKE CLASSIQUE

Für die ganz klassische Gurkenmaske brauchst du nicht mehr als:

2–4 Esslöffel Quark
2 Gurkenscheiben

Verwende Magerquark, wenn du zu fettiger Haut neigst, und Quark mit höherem Fettgehalt, wenn du unter eher trockener Haut leidest.

1. Trage den Quark auf dein gereinigtes, trockenes Gesicht auf. Wenn du möchtest, kannst du auch Hals und Dekolleté einstreichen.
2. Lege dann die beiden Gurkenscheiben auf deine geschlossenen Augenlider. Wenn du die Gurke schön dünn schneidest, passen sich die Scheiben deinen Konturen an und rutschen nicht so leicht weg.
3. Lass die Maske zehn bis fünfzehn Minuten einwirken, trage sie anschließend ab und spüle dein Gesicht mit lauwarmem Wasser ab.

Wenn es dir um eine Extraportion Feuchtigkeit geht, kannst du den Quark auch weglassen und dir eine Maske aus vielen dünnen Gurkenscheiben aufs gereinigte Gesicht legen. Das lindert schnell unangenehmes Spannen gestresster Haut.

Wenn du auf den Quark nicht verzichten, es aber trotzdem geschmeidig willst, kannst du alternativ eine halbe Gurke hacken, im Mixer zerkleinern und durchsieben. Wenn du den gewonnenen Gurkensaft mit zwei bis vier Esslöffeln Quark verrührst, entsteht eine cremige Masse, die du gleichmäßig auf deinem Gesicht verteilen kannst. Spare bei dieser Variante die Augenpartie aus.

Genauso gut kannst du die halbe Gurke auch raspeln und in den Quark rühren.

BLITZ-GURKE

Hier ein paar Anregungen für den blitzschnellen Frischekick zwischendurch:

1. Für Kühlung im Sommer: Schneide ein Stück Gurke ab und fahre mit der feuchten Seite über Gesicht, Hals und Dekolleté.
2. Um Poren zu verkleinern: Fahre morgens mit einer Gurkenscheibe über dein gereinigtes Gesicht, als wäre sie ein Wattepad.
3. Bei brennenden und müden Augen: Gekühlte Gurkenscheiben auf den Augenlidern beleben im Nu. Schon fünf bis zehn Minuten reichen, um deine Augen wieder strahlen zu lassen!

Wie wär's mit dem
NEW-MOM-BODY
statt einem
After-Baby-Body?

Ich sag mal
DANKE

„Die meisten Frauen sind einfach nur furchtbar unglücklich mit ihrem Körper", berichtet meine Freundin aus ihrer Sprechstunde. Sophia ist Gynäkologin. Sie fühlt sehr mit ihren Mamas mit, aber sagt auch: „Das geht vorbei!"

Du kannst mit Blick auf Schwangerschaft und Geburt ehrlich hinsehen und sagen: Ich bin körperlich komplett im Eimer! Ich habe Federn gelassen. Womöglich viel Blut verloren. Ich habe schwer getragen und brutal gepresst. Vielleicht habe ich eine Narbe. Vom Kaiserschnitt oder einer Geburtsverletzung. Schwangerschaft und Geburt hinterlassen Spuren. Das ist nun mal so. Punkt.

Im ersten Jahr mit Baby sind Bäuche so selten flach wie Brüste gleich groß. Da sind Falten, die da vorher nicht waren, Ringe, Streifen oder Flecken. Auch das ist nun mal so. Zugegebenermaßen entspricht das nicht dem gängigen Schönheitsideal. Aber hey! Warum sollten wir dem ausgerechnet jetzt entsprechen wollen?

Dein Körper hat Großartiges geleistet! Willst du nicht etwas freundlicher auf ihn blicken?

Romantisch gesprochen ist es ein Wunder, das dein Körper vor nicht allzu langer Zeit vollbracht hat. Immerhin durfte ein kleiner Mensch in ihm heranwachsen. Neun Monate hast du ihn (oder sie) in dir getragen. Dein Bauch war eine warme, weiche, schutzgebende Höhle. Ja klar, wir haben in der Schwangerschaft ordentlich zugelegt. Aber aus gutem Grund! Jede Frau, die ein Kind zur Welt bringt, braucht nicht nur Kraft für die Geburt, sondern auch für die erste Zeit danach. Also: Wollen wir nicht lieber etwas freundlicher blicken auf unseren neuen Körper? Wir dürfen stolz sein auf ihn und ihn wertschätzen für das, was er leistet!

Ja, in den Medien sehen wir oft perfekt trainierte „After-Baby-Bodys". Aber weißt du was? Der Preis dafür ist hoch! Ist es dir das wert? Mir auch nicht. Viel lieber als mich zu malträtieren, will ich die Zeit nutzen und mit meinem Baby kuscheln, denn:

Die Tage sind lang, die Jahre nur kurz!

Aber um abschließend noch mal schnell von der romantischen zur realistischen Seite zu wechseln, möchte ich meine Freundin Sophia noch einmal zitieren: „Die Flitterwochen zu dritt sind selten das, was wir uns vorher so vorstellen."

Und ich möchte betonen: Sophia weiß das. Weil sie selbst Mama ist und weil sich in ihrer Sprechstunde jeden Tag aufs Neue immer auch viel Unzufriedenheit und Verzweiflung ins Babyglück drängen. Da ist der Schlafentzug, der Blutverlust, der Beckenboden … Sophia könnte die Reihe der Gründe, warum wir uns gerade nicht wohlfühlen in unserer Haut, endlos fortsetzen. Aber viel lieber rät sie dir, was du deinem Körper Gutes tun kannst!

Äh? Was gleich noch mal? Ach so, ja:

- ★ Gönne deinem Körper Ruhe und allen Schlaf, den er kriegen kann.
- ★ Sorge für Bewegung, im besten Fall an frischer Luft (gut für dich und für dein Baby!).
- ★ Iss ordentlich im Sinne von „auch gesund".

Und ich ergänze:
Schenk dir einen liebevollen Blick auf deinen Körper!

„ GUTES FÜR DEINEN KÖRPER "

Ich habe heute ...

- ◯ auch etwas Gesundes gegessen.
- ◯ mal kurz zwischendrin die Augen zugemacht.
- ◯ 6 bis 8 Gläser Wasser oder ungesüßten Tee getrunken.
- ◯ beim Gehen den Bauchnabel eingezogen und auf meine Haltung geachtet.
- ◯ mir einen liebevollen Blick geschenkt.
- ◯ im Hund zum Boden geschaut.
- ◯ einmal bewusst geatmet.
- ◯ Frischluft getankt.

Wenn du drei oder vier Kreuze setzen kannst, ist das super. Das bedeutet, du hast heute gut für deinen Körper gesorgt. Wenn du weniger als drei gesetzt hast, nimm dir die offenen Punkte für morgen vor. Falls du nur ein oder kein Kreuz setzen kannst, empfehle ich dir heute wenigstens noch eine Gurkenmaske!

GUTES

für die

SEELE

Du machst das alles so viel besser, als du denkst!

Mama sein statt Super-Mom

Na klar fragst du dich als frischgebackene Mama, ob du alles richtig machst. Was du besser machen kannst. Die gute Nachricht: Selbst die erfahrenste Mutter macht Fehler! Von daher muss das so was von gar überhaupt nicht dein Ziel sein.

„Die besten Eltern, die ich kenne, machen 20 Fehler pro Tag." Ist das nicht beruhigend? Immerhin soll das Jesper Juul, einer der renommiertesten Familientherapeuten der Welt gesagt haben. Aus seiner Feder stammen viele großartige Erziehungsratgeber. Und ganz bestimmt hat er tolle Eltern gekannt. Viele davon gingen schließlich in seine Schule! Ich verstehe seine Worte also als herzliche Einladung:

Mach einfach mal, und zwar ohne allzu große Ängste und Sorgen. Es ist noch keine Mama-Meisterin vom Himmel gefallen. Vollkommene, perfekte Eltern, die alles richtig machen, die gibt es nicht. Super-Moms schon gar nicht.

Perfekte Eltern? Pustekuchen.

Und das ist auch gut so! Stell dir mal vor, was es für dein Kind bedeuten würde, wenn du unfehlbar wärst. Das wäre nicht gut. Denn Fehler gehören nun mal zum Leben. Wir müssen sie sogar begehen. Im besten Fall können wir aus ihnen lernen.

An dieser Stelle möchte ich eine liebe Freundin zitieren: „Ach, weißte? Jede macht was anderes gut!" Diesen Blick auf uns und andere finde ich ziemlich stark. Vor allem weil ausgerechnet meine Freundin zu denen zählt, die wirklich sehr viel richtig machen. Wenn ich ihr ausgeklügeltes Mülltrennsystem sehe, bekomme ich mit sofortiger Wirkung ein schlechtes Gewissen. Nur so als Beispiel. Unweigerlich habe ich das Bild unserer Windelberge vor Augen, mit denen wir über Jahre den Restmüll-Container verstopften. Ich bin sicher, meine Freundin macht wirklich nur zwanzig Fehler am Tag. Aber die macht sie auch. Puh!

DOKUMENTIERE
DEINE EIGENE GROSSARTIGKEIT!

Fehler zu machen, gehört zum Muttersein dazu. Oft gucken wir im Alltag aber viel zu streng auf eben diese Unzulänglichkeiten und vermeintlichen Versäumnisse. Um nicht unnötig viel darüber nachzudenken, was wir alles falsch oder ungenügend machen, empfiehlt sich eine Liste der eigenen Großartigkeit!

Ich möchte dich bitten, mal darüber nachzudenken, was du alles Gutes in den Tag bringst. Nutze die folgende Liste und fülle sie mit Dingen, die dich heute zu einer großartigen Mutter, Frau, Freundin, Schwester, Kollegin oder Nachbarin machen! Das können kleine Dinge sein wie „Ich backe den weltbesten Schokoladenkuchen" oder „Ich höre zu" oder „Ich bin einfach eine mega Freundin, denn ich gebe nicht ungefragt Ratschläge" oder „Ich weiß genau, wo mein Baby kitzelig ist". Und jetzt du, leg los!

TIPP: Ergänze auch zu einem späteren Zeitpunkt, wenn dir neue Dinge einfallen. Hole deine Liste hervor, wenn du einen schlechten Tag hast oder unzufrieden mit dir bist.

ALLES,

was du brauchst,
um deinem Kind eine
gute Mutter zu sein,

TRÄGST DU
IN DIR!

WAS BRAUCHE ICH EIGENTLICH WIRKLICH FÜR MEIN BABY?

Sag mal ehrlich: Wie viele Dinge, die du für dein Baby rangeschafft hast, stehen rum oder liegen noch originalverpackt in der Ecke? Wie viele Bodys der Größe 74 stapeln sich in eurer Kommode?

Wenn wir Eltern werden, wollen wir vorbereitet sein. Das ist löblich. Oft schaffen wir von Hormonen getrieben aber noch viel mehr ran, als wir eigentlich brauchen, und schießen in Sachen Ausstattung gerne mal übers Ziel hinaus. Ich nehme mich da nicht aus! Das Angebot ist ja einfach verlockend. Laufend kommen technische Neuerungen auf den Markt, die den Mama-Alltag leichter machen. Ganz zu schweigen von all den entzückenden, immer wieder neuen Babymodekollektionen – da kann unser Mamaherz nur höher hüpfen!

Aber zu viel Zeug kann schnell auch überfordern – die Mutter wie das Kind. Je weniger Zeug du hast, desto mehr Raum und Zeit bleibt für die Dinge, die dir wirklich wichtig sind. Klar macht kaufen Spaß und es gibt viel, das wirklich nützlich ist. Aber prüfe, was du wirklich in der Bude haben willst, was dir auch langfristig Freude bereiten oder helfen kann. Miste nach dieser Devise regelmäßig Dinge aus, die keine Verwendung (mehr) finden. Du brauchst viel weniger, als du denkst!

Was für Equipment gilt, gilt übrigens auch für Aktivitäten im Kalender: Nur weil die Nachbarsmama mit ihrem Kleinen einmal die Woche zum Babyschwimmen geht, heißt das noch lange nicht, dass du da auch hinmusst. Höre genau in dich hinein und erlaube dir auszusortieren:

Was dich in irgendeiner Weise stresst, bedarf einer Prüfung – und womöglich einer Streichung. Aus dem Schrank oder dem Kalender.

SCHREIB'S RUNTER!

Nicht nur unseren Schränken und Kalendern tut es gut, wenn wir sie regelmäßig aussortieren. Auch unser Kopf profitiert davon! Wenn sich das Gedankenkarussell in meinem Kopf mal wieder zu schnell dreht, hilft es mir, all die Themen, Termine, Infos und To-dos aufzuschreiben und zu sortieren.

Setz dich dazu hin und bringe all deine Gedanken, die dir gerade durch den Kopf gehen, stichpunktartig zu Papier. Du wirst sehen, dass sich dein Geist auf diese Weise mit sofortiger Wirkung beruhigt. Indem du deinen Kopf „entrümpelst", beugst du Stress vor, arbeitest Ängsten entgegen und bist wieder freier für klare Gedanken.

MEIN MAMA-MANTRA

Dein Bauch sagt dir in der Regel ganz gut, was für dich und deine kleine Familie das Beste ist. Positive Affirmationen und Motivationssätze können dich darüber hinaus im Alltag unterstützen und dir helfen, wenn es darum geht, Entscheidungen zu treffen.

Such dir die Affirmation oder den Motivationssatz aus, mit dem du dich am wohlsten fühlst, und wiederhole ihn regelmäßig – zum Beispiel am Morgen gleich nach dem Aufstehen oder am Abend direkt vor dem Zubettgehen. Durch das Wiederholen schaffst du eine Routine und manifestierst auf diese Weise lang anhaltend gute Gedanken in dir:

Ich achte mich und nehme mich, wie ich bin.

Ich weiß als Mutter sehr wohl, was gut ist für mein Kind.

Ich trage alles, was ich brauche, um eine gute Mutter zu sein, in mir.

Ich mache das, was mir möglich ist – und zwischendrin Pause.

Ich vertraue auf mein Bauchgefühl und gehe meinen Weg.

Ich bin ich. Ich bin genug. Und ich bin wichtig.

Fast perfekt ist auch so was von total okay!

An guten wie an schlechten Tagen

Manchmal sitzen wir abends auf dem Sofa, fix und fertig mit den Nerven, und fragen uns: „Was war das denn wieder für ein Tag?" Im Mama-Alltag gibt es die guten Tage. Es gibt die schlechten Tage. Und es gibt ganz, ganz viele Tage dazwischen. Als Mutter neigen wir dazu, am Abend streng auf all das zu gucken, was wir heute nicht zustande gebracht haben, was schiefgegangen ist oder eben einfach nicht so verlaufen ist, wie wir uns das vorgestellt hatten.

Dabei sollten wir viel lieber den Blick auf das richten, was gut gelaufen ist. Denn soll ich dir was verraten? Alles andere hilft auch nicht!

Ich finde ja, selbst der schlechteste Tag hat eine Chance auf einen guten Dreh am Abend verdient, was meinst du? Ich gebe zu: Manchmal fällt es schwer, den zu finden. Aber glaub mir: Da ist immer was! Vielleicht hast du über eine Kleinigkeit herzlich gelacht. Oder über etwas gestaunt. Vielleicht hast du dir etwas Schönes für morgen vorgenommen. Oder aber du hast geweint. Ja! Auch das kann hin und wieder heilsam sein am Ende eines doofen Tages. Erinnere dich daran, dass wir alle aus demselben Material sind. Wir alle struggeln. Wir alle haben mal einen schlechten Tag. Das ist menschlich. Das ist okay.

Manchmal läuft übrigens auch alles wie am Schnürchen und wir haben trotzdem schlechte Laune! Tja. Auch das gehört dazu.

Klopf dir abends auf die Schulter!

Mütterliches Eigenlob stinkt nicht und es ist genauso großer Quatsch zu denken, du hättest heute nichts geschafft. Von dieser Sichtweise wollen wir uns gänzlich verabschieden und, statt uns allabendlich zu grämen, viel lieber ein neues Ritual einführen:

Klopf dir jeden Abend auf die Schulter oder
gib dir ein High Five im Spiegel!
Wofür genau? Na, fürs Schuckeln, Füttern, Trösten, Wickeln,
Sorgen, Streicheln, Beschützen und für all die ungeteilte Aufmerksamkeit,
die du heute für dein Baby aufgebracht hast.

SELBSTREFLEXION:
SAMMLE SCHÖNE MAMA-MOMENTE

Das erste Jahr als Mama ist etwas Besonderes, das mit vielen schönen Momenten einhergeht. Suche dir täglich ein paar Minuten, in denen du deine Beobachtungen notierst. Das kann beim Frühstück, im Laufe des Nachmittags oder kurz vor dem Zubettgehen sein. Schreibe drei schöne Dinge auf, die du an diesem Tag mit deinem Baby erlebt oder gefühlt hast. Vielleicht wird dir warm ums Herz, während du noch schreibst. Kleine positive Impulse wie diese schenken dir lang anhaltend Kraft und lassen dich auch in schwierigen Situationen optimistisch bleiben.

ENTSPANNT BIS
IN DIE LETZTE HAARWURZEL

Leider gibt es im Mama-Alltag keinen offiziellen Pauseknopf. Aber wie wäre es, wenn wir einen für dich erfinden?! Die folgende Übung kommt ganz banal daher, kann dir im Alltag aber einen Moment innerer Ruhe bescheren, selbst oder gerade wenn um dich herum das größte Chaos tobt!

Schließe die Augen und atme mehrmals tief ein und wieder aus.
Lege deine Fingerkuppen an die Schläfen und
massiere sie in kreisenden Bewegungen.
Spüre, wie sich deine Gesichtsmuskeln entspannen.
Setze deine Mittelfinger an der Nasenwurzel an und streiche
deine Haut sanft über den Bogen deiner Augenbrauen zur Seite hin aus.
Entspanne dabei bewusst deine Stirn.
Entspanne deine Kopfhaut. Entspanne deine Haarwurzeln.

Ich gebe zu: Beim Gedanken an entspannte Haarwurzeln musste ich auch erst mal herzlich lachen. Aber stell dir mal vor: entspannt bis in die hinterletzte Haarwurzel! Wie herrlich muss sich dieser Zustand anfühlen?! Lass es uns versuchen! Immer mal wieder zwischendurch. Unsere Nerven werden es uns danken – unsere Haarwurzeln sicher auch!

FRENCH TOAST

Ich gehe wahnsinnig gerne ins Café. In wilden Babyzeiten schaffte ich das nur, wenn meine Mutter kam. Lang saßen wir nie. Aber wir teilten zum Kaffee – immer! – einen French Toast. Weil er verlässlich für ein wunderbar wohlig warmes Gefühl im Bauch sorgt, will ich hier ein Rezept mit dir teilen. Geht blitzschnell, schmeckt supergut und fühlt sich an wie ein kleiner Restaurantbesuch!

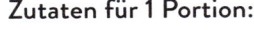

Zutaten für 1 Portion:

100 g	Brot vom Vortag
1/2	reife Banane
100 ml	Milch
1	Ei
2	EL Butter

Beerenkompott o. Ä. aus dem Glas

ZUBEREITUNG:

1. Brot in daumendicke Scheiben schneiden.
2. Banane mit Milch und Ei zu einem feinen Brei pürieren. Brotscheiben darin wenden.
3. Butter in einer Pfanne erhitzen. Getränkte Brotscheiben von beiden Seiten goldbraun anbraten.
4. Sofort mit Beerenkompott o. Ä. servieren!

TIPP: Wer keine Banane mag, lässt sie einfach weg und genießt den French Toast mit Ahornsirup. Ebenso gut wie mit altem Brot klappt es mit einem Brötchen vom Vortag oder mit zwei bis drei Scheiben Toast.

Mir schmeckt French Toast übrigens morgens, mittags, abends und auch mal zwischendurch. Eigentlich immer. Je nach Saison packe ich frische Beeren, Zwetschgenkompott oder Apfelmus mit Zimt und Mandelblättchen dazu.

Rituale und Routinen sind was für Langweiler*innen?

NÖ.

Und täglich grüßt das Selfcare-Tier

Im turbulenten Alltag mit Baby können dir Rituale und Routinen Halt geben und Ruhe schenken. Denn Dinge, die du regelmäßig und mit Freude tust, wirken sich positiv auf dein Wohlbefinden aus. Ich habe mal ein paar der Dinge zusammengetragen, die ich gerne und regelmäßig tue. Vielleicht inspiriert dich das eine oder andere?

Pain au chocolat mit Milchkaffee
Für mich gibt's jeden Tag ein zweites Frühstück um halb zehn.

Ab in die Federn
Ich gehe abends gerne gegen zehn ins Bett
und freue mich auf mein Buch.

Sonntags ins Museum
Kunst gibt mir Kraft und inspiriert mich.
Gucken geht auch gut mit Baby umgeschnallt!

Eine heiße Dusche am Abend
Meist sehe ich danach aus wie eine gebratene Garnele, aber ich liebe den Gedanken, mir den Stress des Tages vom Körper zu spülen.

Eine Runde auf dem Rad
Um den Kopf frei zu kriegen, drehe ich gerne
eine Runde allein mit dem Rad.

Zeitpuffer

Ich hasse es zu hetzen. Drum gehe ich grundsätzlich
zehn Minuten eher los. Egal wohin.

Freitagskaffee mit meiner Freundin

Und ein Glas Prosecco vorweg.
In Schwangerschaft und Stillzeit gerne auch alkoholfrei,
Hauptsache, es sprudelt.

PS: Könnte gut sein, dass dich hiervon so gar nichts inspiriert. Womöglich klingt das alles sogar ganz schrecklich langweilig für dich. Tu dir also bitte keinen Zwang an! Keine*r muss hier früh ins Bett! Nur ich!

Notiere hier, was du als Wohlfühlrituale
in deinen Tag einbauen könntest:

REISE ZU DEINEM HAPPY PLACE!

Die Visualisierung ist eine Entspannungstechnik, bei der du deine eigene Vorstellungskraft einsetzen kannst. Mit ein bisschen Übung findest du schnell zu innerer Ruhe und Gelassenheit. So geht's:

Setz dich bequem hin. Deine Wirbelsäule ist gerade. Deine Schulterblätter ziehen nach hinten unten in Richtung deiner Gesäßtaschen. Dein Brustraum ist weit geöffnet.

Schließe die Augen, atme tief ein und wieder aus.

Stell dir jetzt einen Ort vor deinem inneren Auge vor, an dem du dich wohlfühlst. Dein Happy Place kann ein Strand sein, eine Berghütte, eine Blumenwiese, die Hängematte in Omas Garten.

Betrachte diesen Ort genau.
Stell dir vor, wie dieser Ort riecht.
Spüre den Sand oder die Grashalme zwischen deinen Zehen, das sanfte Schaukeln der Hängematte, die Sonne auf deiner Haut oder den Wind, der dir frisch um die Nase weht.
Genieße deinen Ort und verweile dort für ein paar Minuten.

Atme tief ein und ganz bewusst wieder aus, um dich von deinem Wohlfühlort zu lösen, wieder aufzutauchen. Komm langsam in die Realität zurück.

Mach dich frei!

Die erste Zeit mit Baby ist ja die Zeit im Leben, in der du ungefragt die meisten Tipps bekommst. Viele davon willst du nicht hören. Viele davon machen Angst oder ein schlechtes Gewissen. Andere bringen dich auch nicht weiter. Ich habe mich mal zu erinnern versucht, welche Tipps mir wirklich hilfreich waren. Und tatsächlich: Es gibt welche, die beherzige ich bis heute! Alle habe ich in diesem Buch für dich versteckt. Nur einen, den will ich hier noch hochoffiziell mit dir teilen. Er stammt von meiner Hebamme Leonie und ich habe ihn bis heute im Ohr, wenn ich beherzt bis schamlos am Ärmel ziehe, weil eines meiner Kinder im Pullover feststeckt:

,, Wir ziehen immer an der Klamotte, nie am Kind! "

Nie wieder habe ich rätseln müssen, wie ich meine Babys aus ihren Bodys kriege. Danke, liebe Leonie!

Natürlich haben wir in der ersten Zeit mit Kind viele Fragen. Ich kann dir aber aus Erfahrung sagen: Das hört nie auf. Die Kinder werden größer, da kommen neue Fragen. Vielleicht folgen weitere Kinder, und die werfen wieder völlig neue Fragen auf. Es gibt zweifellos gute Antworten auf unsere Fragen. Aber es gibt so viel mehr ungefragt erteilte Tipps. Darum nur ein ganz ernst gemeinter von mir an dich: Such dir die, die sich für dich gut anfühlen. Und pfeif auf alle anderen!

MUT. ZUR LÜCKE, ZUM CHAOS, ZUM

eigenen

MAMA-ICH.

CHECKLISTE

„ GUTES FÜR DIE SEELE "

Ich habe heute ...

- ⭕ nichts gemacht.
- ⭕ mir etwas für mich notiert.
- ⭕ mal fünf gerade sein lassen.
- ⭕ mich einfach mittenrein gesetzt in mein Chaos.
- ⭕ einmal bewusst ein- und etwas länger wieder ausgeatmet.
- ⭕ ein Wohlfühlritual zelebriert
- ⭕ einen schönen Mama-Moment eingesammelt.
- ⭕ mich an meinen Happy Place geträumt.
- ⭕ die anderen reden lassen.

Wenn du drei oder vier Kreuze setzen kannst, ist das super. Das bedeutet, du hast heute gut auf dein seelisches Gleichgewicht geachtet. Wenn du weniger als drei gesetzt hast, nimm dir die offenen Punkte für morgen vor. Falls du nur ein oder kein Kreuz setzen kannst, empfehle ich dir heute zumindest noch eine kleine Atemübung mit Fokus auf die Entspannung deiner Haarwurzeln!

GUTES
gemeinsam

Ich und du

Ein Baby sei das größte Glück für Eltern, aber ein Drama für Paare, brachte es eine meiner Lieblingsautorinnen einmal in einer Kolumne auf den Punkt. Das sei aber nicht weiter schlimm, schrieb sie. Da kämen auch wieder andere Zeiten. Und an die will ich ganz fest glauben!

Zwischen meterhohen Windelbergen können wir uns als Paar leicht aus den Augen verlieren. Dabei sollten wir gerade in wilden Wickelzeiten gut aufeinander achten. Bei allem Glück und aller Erfüllung stellt ein Kind unsere Beziehung immer auch auf die Probe. Das abendliche Gefühlsgemisch aus Erschöpfung und Frust bildet den perfekten Nährboden für Streit. Und dann ist da ja auch noch ein ordentlicher Haufen zusätzlicher Arbeit, der annähernd gerecht verteilt werden will!

„Hast du ein Glück, dass dein Mann so viel mithilft."

Wenn du mich fragst, ist dieser Satz ganz großer Käse, denn hör mal: Das klingt ja, als wäre alle Arbeit rund ums Baby meine! Für mich ist Familie eine riesengroße gemeinsame Sache. Eine, die wir im Idealfall von Beginn an teilen. Die schönen Momente wie auch alle Pflicht- und Sorgearbeit, die mit ihr einhergeht. Das fängt übrigens beim nächtlichen Aufstehen an ...

MAMA KANN. PAPA AUCH!

Nur weil Frauen Kinder zur Welt bringen, heißt das noch lange nicht, dass sie besser trösten, in den Schlaf wiegen, wickeln oder füttern. Na klar, wenn du stillst, ist es deine Brust, die das Baby erst mal nährt. Aber zum Glück ist der

Mensch erfinderisch! Die Milchpumpe halte ich zum Beispiel für eine großartige Sache, wenn es darum geht, Mütter in einer besonders herausfordernden Zeit zu entlasten. Vielleicht verschafft sie dir an manchen Tagen genau die Luft, die Stunden, die Freiheit, nach der du dich sehnst.

In gewisser Weise könnte man die Milchpumpe auch als echtes Papa-Empowerment-Instrument bezeichnen. Es ist ja so: Wie du gerade lernst, so lernt auch dein Partner und wir Menschen wachsen bekanntlich an unseren Aufgaben. Ein Vater, der sich von Beginn an um sein Kind kümmert, kann das für immer. Oder was meinst du?

ARBEIT SICHTBAR MACHEN

Mit dem Elternwerden kommen viele neue Aufgaben und Arbeiten auf euch zu. Verrückterweise sind viele dieser Aufgaben und Arbeiten unsichtbar. Mental Load nennt sich die mentale Last, die meist Mütter mit sich herumtragen. Gemeint ist damit sämtliche Gedanken- und Organisationsarbeit rund um Haushalt und Familie. Um diese Arbeit gerecht teilen zu können, müssen wir sie erst einmal sichtbar machen. Am einfachsten funktioniert das, indem wir haarklein aufschreiben, was uns gerade umtreibt. Versuch das doch mal: Welche To-dos schwirren dir gerade durch den Kopf? Woran musst du heute noch denken? Was im Blick behalten oder für morgen vorbereiten? Besorgen? Dringend klären?

Lass mal
TEAM
sein!

TIPP: Vielleicht gelingt es euch im nächsten Schritt gemeinsam, die einzelnen Punkte nach Themenbereichen zu sortieren und zu bündeln. Sicher hat dein/e Partner*in noch allerhand zu ergänzen. Auch wenn das jetzt ein bisschen über-eifrig klingt: Als Paar tut ihr euch auf lange Sicht leichter, wenn ihr schon zu Beginn der Babyzeit Zuständigkeiten untereinander aufteilt. Ihr entlastet euch gegenseitig und schafft Freiräume – füreinander und am Ende auch für euch als Paar!

DIE
WAS-WIR-LIEBEN-WAS-WIR-SIND-LISTE

Du kennst bestimmt die sagenumwobene Bucket List. Vielleicht führst du sogar eine? Auf einer Bucket List notierst du für gewöhnlich alles, was du in deinem Leben noch erreichen oder einfach nur erleben willst.

An dieser Stelle möchte ich diese Aufgabe gerne um deinen Partner oder deine Partnerin erweitern und den Fokus nicht in die Zukunft richten, sondern auf das, was ihr bereits gemeinsam erreicht und erlebt habt. Das können Reisen sein, die ihr unternommen habt, oder die Erinnerung an eure erste gemeinsame Wohnung. Das können aber auch kleine Dinge sein wie ein geflügeltes Wort, das ihr euch in bestimmten Momenten zuwerft, oder Alltagssituationen, die euch beiden etwas bedeuten. Überlegt mal zusammen: Woran erinnert ihr euch gerne, wofür seid ihr dankbar und worauf blickt ihr gleichermaßen mit Stolz?

Wir

RUCKZUCK-ZUCCHINI-PASTA

Was hältst du davon, einen Abend in der Woche für dich und deinen Partner oder deine Partnerin zu reservieren und ihn ganz bewusst anders zu gestalten? Wenn ihr einen Babysitter habt, fitte Großeltern oder eine/n liebe/n Patentante/onkel, die hin und wieder euer Baby hüten, könnt ihr ausgehen. Wenn ihr für einen Restaurantbesuch zu müde seid, bestellt euch was oder kocht gemeinsam, zum Beispiel diese blitzschnelle Pasta hier. Vielleicht macht ihr Kerzen an statt Netflix. Habt es gut zusammen, sprecht oder schweigt, lacht oder lümmelt – Hauptsache, ihr tut's, und zwar zu zweit!

Zutaten für 2 Personen:

1 EL	Pinienkerne
200 g	Spaghetti
1	Zucchini
200 ml	Sahne
1 TL	abgeriebene Zitronenschale
	Salz und Pfeffer
	Parmesan

ZUBEREITUNG:

1. Pinienkerne in einer Pfanne ohne Fett bei mittlerer Hitze rösten, bis sie duften.
2. Spaghetti in kochendem Salzwasser bissfest garen.
3. Zucchini waschen, putzen, längs halbieren und mit dem Sparschäler in schmale lange Streifen hobeln.
4. Sahne mit der Zitronenschale in einer großen Pfanne aufkochen. Spaghetti abgießen und mit den Zucchinistreifen unter die Sahne mischen. Das alles zwei bis drei Minuten weiterköcheln lassen, mit Salz und Pfeffer abschmecken. Mit den gerösteten Pinienkernen und Parmesan pfannenfrisch servieren.

REISEABENTEUER

MIT UND OHNE BABY

O ja! Selfcare bedeutet für mich immer auch zu reisen. Seit wir Kinder haben, verreisen mein Mann und ich jedes Jahr für ein paar Tage allein. Ich spreche aus Erfahrung, wenn ich sage: Schon die Abreise ist das reinste Abenteuer! Beim ersten Mal hüteten meine Mutter und meine Schwester unser Baby, das ich haarscharf zum Abreisetermin abgestillt hatte. Da war keine Milch mehr in meiner Brust, dafür viel gemischtes Gefühl: „Baby ab zur Oma und tschüss? Ist mein Baby dafür schon bereit? Dürfen wir uns das überhaupt rausnehmen? Uns einfach vom Acker machen? Mute ich meiner Mutter nicht zu viel zu?"

Gleichzeitig tobte an gleicher Stelle schon Wochen im Voraus unbändige Vorfreude bei der Aussicht auf unglaubliche vier Tage zu zweit! Vier Tage mit leichtem Gepäck! Vier Tage ohne Wickeltasche! Vier Tage ohne Babybreiflecken und Latz! Vier Tage ohne Rücksicht auf Schlafenszeiten! Vier Tage zur freien Verfügung! Vier Nächte durchschlafen! Halt, nein, es waren nur drei, aber egal, auch drei Nächte sind der Knaller! Auch zwei! Selbst eine!

Vor Abreise gingen wir noch mal DEN PLAN durch. Meine Mutter verwahrt meine handschriftlichen, sehr konkreten Anweisungen rund um Fütterung und Schlafenszeiten bis heute! Ich fühlte mich sicherer, indem ich alles feinsäuberlich notierte. Die Abläufe, die Mengen, genaue Zeiten, Vorlieben, mögliche Risiko-momente. Ich hatte tatsächlich Babykekse abgezählt! Damit zieht mich meine Schwester heute noch auf. Worüber sie auch Jahre später noch lachen kann, ist die Erinnerung an einen nächtlichen Schreckmoment: Unser Baby soll unerwartet wach geworden sein, woraufhin meine Schwester sich flüsternd in Richtung meiner Mutter empörte: „Was machen wir jetzt? Davon stand nix im Plan!"

Das Ende der Geschichte: Meine Mutter und meine Schwester haben das bravourös gemeistert. Auch unser Baby hat keinen Schaden genommen, sondern ganz im Gegenteil eine ganz besondere Oma- und Tantenzeit genießen dürfen. Aus diesen vier Tagen in Südtirol durfte für uns eine Tradition erwachsen. Einmal im Jahr verreisen mein Mann und ich zu zweit. Uns tut es gut, Abstand zu gewinnen zu unserem Alltagschaos und uns als Paar zu begegnen. Wir finden zueinander und stellen jedes Mal wieder fest: Wir streiten gar nicht mal! Daraus schöpfen wir viel Kraft und Energie – allen Vorbereitungsstrapazen und den immer wiederkehrenden Zweifeln zum Zeitpunkt der Abreise zum Trotz.

PS: Unsere ersten Tage zu zweit verbrachten wir in Südtirol. Mit jedem Kind wurden wir mutiger: Zuletzt schafften wir es für eine Woche nach Australien! Aber natürlich bedeutet Paarzeit nicht zwangsläufig eine Reise um die Welt. Wenn ihr niemanden habt, dem ihr euer Baby anvertrauen könnt, oder das gar nicht wollt, dann nehmt euer Baby mit. Tapetenwechsel tut immer gut!

Oben ohne, aber nicht auf dem Tresen!

Achtung! Da, wo du bist, sind ab jetzt alle am liebsten! Zumindest fühlt sich das manchmal so an. Dein Kind braucht deine Nähe, dein Mann sucht sie, auch deine Freundin will dich wiedersehen und deine Kolleginnen endlich mal das Baby. Manchmal ist es aber wichtig zu sagen: „Sorry, geht nicht! Ich muss mal kurz mit mir allein sein."

Zum Neinsagen gehört eine Menge Mut. Ich weiß das. Ich bin der klassische „Na-klar"-Typ. Aber für das eigene Wohlbefinden ist es wichtig zu erkennen, wann die eigene Kraft sich erschöpft.

Natürlich fällt es schwer, der Freundin zum wiederholten Mal die Freitag-abendverabredung abzusagen. Manchmal ist es leichter, von vornherein zu sagen: „Es tut mir leid, aber ich bin zurzeit einfach zu müde, um auszugehen!" Natürlich trauert deine Freundin kurz der früheren Version von dir nach, der, die bis spät in die Nacht oben ohne (na ja, nicht ganz) auf dem Tresen tanzte. Jetzt droht dieselbe Person noch vor neun auf selbigem einzuschlafen. Keine Frage, das ist enttäuschend.

Zum Zeitpunkt des Wochenbetts hätte ich alle Chancen gehabt auf den ganz großen Oben-ohne-Auftritt: Meine Schwiegermutter lud zu ihrem 60. Geburtstag! Ich war fest entschlossen mitzufeiern. Mit Baby an der Brust, zumindest als stille Beobachterin irgendwo am Rande. Ich wollte niemanden enttäuschen – schon gar nicht meine Schwiegermutter! Kurz vor knapp besann ich mich und sagte ab: „Ich trage noch immer dickere Windeln als mein Baby und meine Brustwarzen sind so wund, ich kann keinen Stoff darauf ertragen!" Da war ich – zack – entschuldigt!

Wenn wir Nein sagen, sind wir vielleicht mal für eine Weile die langweiligste Freundin auf Erden oder die unpässliche Schwiegertochter. Aber das ist nur eins: total okay!

Ein Nein zu anderen ist

ein Ja zu dir.

Das Jahr
der großen Fragezeichen

Mit meinem ersten Baby blieb ich genau ein Jahr zu Hause. Pünktlich zum ersten Geburtstag meiner Tochter ging ich wieder arbeiten – 100 Prozent. Ich fragte mich, ob das richtig ist. Die Krippe das passende Modell war für mich und mein Kind. Beim Zweiten reduzierte ich meine Arbeitszeit – auf 50 Prozent. Ich fragte mich, ob das richtig ist. Teilzeit das passende Modell war hinsichtlich meiner Karriere. Mit der Geburt meines dritten Kindes blieb ich dann ganz daheim. Ich fragte mich, ob das richtig ist. Die Vollzeitmutterschaft das passende Modell war auf lange Sicht.

Das erste Jahr mit Baby ist das Jahr der großen Fragezeichen – für mich ja immer wieder! Worum es auch geht, wir überlegen hin und her. Fragen uns, ob wir nicht auch längst wieder arbeiten sollten, wenn wir die Nachbarsmutter morgens mit wehendem Mantel ins Auto zur Arbeit hopsen sehen. Oder quälen uns andersrum mit der Frage, ob drei Jahre Elternzeit nicht vielleicht doch die familienfreundlichere Variante wäre, während wir unseren Wiedereinstieg planen.

Du machst das schon richtig, so wie du das machst!

Ob wir nun arbeiten oder nicht. Die Flasche geben oder stillen, unser Baby tragen oder im Kinderwagen schieben, Zäpfchen verabreichen oder es mit Globuli probieren, sehr verwöhnen oder abzuhärten versuchen, auf Stoffwindeln setzen oder Pampers nehmen, Gläschen servieren oder Frischkost bereiten – es gibt kein Richtig und es gibt kein Falsch.

DU BIST UND BLEIBST
DIE BESTE MAMA FÜR DEIN KIND

Wenn wir uns denn an irgendjemandem messen wollen, dann doch am liebsten an uns selbst, oder? Ich bin sicher, dir sind heute schon ein paar Dinge besser gelungen als gestern. Leg mal los, was fällt dir ein? Worin bist du mittlerweile vielleicht sogar schon Profi nach so kurzer Zeit des Mamaseins?

....

....

....

....

....

....

TIPP: UND TSCHÜSS!

Ich weiß, da sind etliche makellose Insta-Moms, die täglich mit neuen Ideen winken für gesunde, aber leckere Babykost, die das Mobile über ihrem Stubenwagen selber filzen, die immer gut gekleidet sind und das Spucktuch farblich auf den Babylook abstimmen. Manchmal vergessen wir, dass das alles nur Momentaufnahmen sind, die selten die Realität abbilden. Darum sollten wir auch nicht traurig sein, wenn unser Babyalltag weit weniger glanzvoll aussieht. Entfolge Profile, bei denen du merkst, dass sie dir nicht guttun, statt dich unnötig zu vergleichen. Picke dir lieber die Profile raus, die dir ein gutes Gefühl geben. Weil sie dich inspirieren, unterhalten oder einfach nur fröhlich stimmen. Es gibt so viele tolle Mamas da draußen – such sie dir!

Geteiltes Leid ist halbes Leid

An dieser Stelle wollen wir der Freundin danken, die dir vielleicht dieses Buch geschenkt hat. Oder der, die dir Verständnis entgegenbringt, wenn du mal wieder nicht ans Telefon gehst. Oder der, die dich gestern getröstet hat, als du am Ende deiner Kräfte warst. Gute Freundinnen sind ein Geschenk! Dafür müssen sie dir nicht mal die ganz großen Baby-Tipps verraten. Viel heilsamer ist es, wenn sie dich auf andere Gedanken bringen oder einfach nur einmal von Herzen lachen lassen.

Ich habe eine Freundin, und die heißt Bine. Bine bekam ihr erstes Kind ein paar Monate bevor ich mein erstes bekam. Neugierig durfte ich meine Nase in Bines Dekolleté stecken, noch bevor mir die Milch einschoss. Ich durfte sie besuchen auf der Wochenbettstation. Brachte Blumen und … Achtung: eine Modezeitschrift! Bine war mir nicht böse. Sie wusste: Ich hatte keine Ahnung!

Als auch ich mein Baby hatte, schoben wir unsere Kinderwagen Seite an Seite durch den Park. Drehten gemeinsam jedes Babyprodukt im Drogeriemarktregal auf links. Waren wir dort ernsthaft täglich, Bine? Später, zu frühen Spielplatzzeiten, hatte Bine verlässlich die Feuchttücher und Mango im Glas dabei. Ich hatte Trost und ein Taschentuch. Manchmal auch Kuchen. Danke, Bine, dass ich immer bei dir gucken durfte! Ich weiß, du hättest die letzte Windel mit mir geteilt! Und erinnerst du dich? Wir haben am Ende immer gelacht. Auch wenn uns zwischendrin zum Heulen war!

TIPP: Hilfe ist oft näher, als wir denken!
Wenn wir uns mit anderen Menschen zusammentun und gemeinsam auf unsere Kinder aufpassen, fühlt sich das gleich viel leichter an. Wir können quatschen, beraten, einander helfen und vor allem: lachen!

(VIRGIN) NEGRONI

Der Alltag mit Baby ist oft süß, manchmal aber auch einfach nur bitter. Ein Drink, der diese beiden Geschmackskomponenten auf würzige Weise kombiniert, ist der Negroni. Ich mag ihn, weil er als klassischer Aperitif auch in der alkoholfreien Variante immer auch eine soziale Funktion erfüllt: Zum Beispiel dient er dazu, den Gästen die Wartezeit bis zum Servieren der Speisen zu verkürzen. Oder aber er überbrückt, bis alle Gäste eingetroffen sind und sich gemeinsam zu Tisch begeben. Ich frage an dieser Stelle bewusst nicht, wer kocht. Sei auch du heute mal der Gast!

Zutaten für 2 Gläser:

3 cl   Gin
3 cl   süßer, roter Wermut
3 cl   italienischer Bitterlikör
       (z. B. Campari)
  1   Bio-Orange

ZUBEREITUNG:

1. Gin, Wermut und Bitterlikör zu gleichen Teilen verrühren.
2. Zwei Gläser mit Eis befüllen und die Mischung hinzugeben.
3. Bio-Orange gut waschen, zwei Zesten abtrennen
   und auf die Gläser verteilen oder Drinks mit einer ganzen
   Orangenscheibe garnieren.

Wenn du stillst oder grundsätzlich auf Alkohol verzichtest, dann mach einen Virgin Negroni aus deinem Negroni, indem du alkoholfreie Zutaten verwendest. Sowohl Gin als auch Wermut und Bitterlikör gibt es in alkoholfreien Varianten. Schmeckt genauso gut und erfüllt auch zu 100 Prozent den sozialen Auftrag!

Ich habe heute ...

- ⭕ meiner/m Partner*in über unser Chaos hinweg ein Lächeln geschenkt.

- ⭕ gemeinsam mit meiner/m Partner*in gekocht/bestellt/gegessen.

- ⭕ ungeniert Erbsen gezählt und Zuständigkeiten neu verteilt.

- ⭕ Nein gesagt zu etwas, das mir Energie geraubt hätte.

- ⭕ am Abend Kerzen angemacht statt Netflix.

- ⭕ mit meiner Freundin telefoniert.

- ⭕ um Hilfe gebeten.

Wenn du drei oder vier Kreuze setzen kannst, ist das super. Das bedeutet, du hast heute Kraft geschöpft aus der Verbindung zu anderen. Wenn du weniger als drei gesetzt hast, nimm dir die offenen Punkte für morgen vor. Falls du nur ein oder kein Kreuz setzen kannst, empfehle ich dir noch einen (Virgin) Negroni oder eine schnelle WhatsApp an deine Freundin. Vielleicht schickst du ihr ein Foto von dir in genau diesem karottenbreiverschmierten Shirt, das du gerade trägst? Sie wird sich freuen, dich zu sehen!

Meine Mama-Selfcare-Top-10

1.

Übe, Nein zu sagen zu Dingen, die dir zu viel werden oder von denen du merkst, dass sie dir nicht guttun. Vielleicht bedeutet das, anderen auch mal eine Abfuhr zu erteilen, dich unbeliebt zu machen. Das ist der Preis. Das ist okay.

2.

Lebe lieber unperfekt. Schwöre dem Perfektionismus ab. Sei großzügig mit dir und verzeih dir deine Schwächen. Jede von uns macht was anderes gut. Keine kann alles (schaffen)!

3.

Setze Prioritäten und verschwende keine Zeit auf Multitasking. Du musst nicht alles unter einen Hut kriegen. Fokussiere dich auf das, was dir wichtig ist.

4.

Baue kleine Entspannungsmomente in deinen Tag ein und ritualisiere sie, statt dir den Kalender mit Terminen vollzuknallen. Das sind Momente nur für dich. Sie sind heilig.

5.

Sprich offen und ehrlich über Ängste, Sorgen und Erschöpfung. Wenn du mal nicht weiterweißt, frage nach Rat und bitte nicht erst um Hilfe, wenn du merkst, du kannst nicht mehr.

6.

Nimm ganz bewusst die schönen Momente wahr.
Die niedlichen Babyfüße, die dir beim Wickeln vergnügt entgegenstrampeln.
Ignoriere das Chaos eine Etage tiefer. Ordentliche Wickelkommoden
überlassen wir den Insta-Moms.

7.

Notiere diese Momente und sammle sie wie Juwelen in einem Glas.
Zur Aufheiterung in düsteren Momenten und zur Erinnerung
an diese irre Babyzeit!

8.

Klopf dir abends auf die Schulter, sei stolz auf dich und
pflege Dankbarkeit dir und deinem Körper gegenüber.

9.

Und diesen Tipp kann ich mir einfach nicht verkneifen,
weil er so einfach ist und ich ihn für essenziell halte in Sachen Selfcare:
Geh früher ins Bett.

10.

Last, but not least: Pack dir ab und an – aus genannten guten Gründen! –
ein paar Gurkenscheiben ins Gesicht!

Ein allerletzter Bonus-Tipp von mir für dich:

*Wenn du zwischen Lachen und Weinen
schwankst, entscheide dich fürs Lachen.
Immer.*

Happy End
auch ohne Schaumbad

Herrje, jetzt hab ich ein Selfcare-Buch geschrieben und über all meinen guten Gedanken das Schaumbad vergessen! Dabei will ich dir das gewiss nicht vorenthalten. Genau wie grüner Tee oder die Gurkenmaske kann das Schaumbad für einen Moment der Inbegriff von Self-kä-a sein. Ich hoffe aber, ich konnte dir in Sachen Selbstfürsorge ein bisschen mehr mitgeben. Dich inspirieren und ermutigen, wenn es darum geht, im ersten Jahr mit Baby auch deinen eigenen Bedürfnissen nachzugehen.

WIE GELINGEN DIR BABYMAMA-SELFCARE-MOMENTE?

Ich brenne darauf zu erfahren, wie du dieses Buch für dich nutzt. Womit du die freien Zeilen in diesem Buch füllst. Welche Gedanken und Impulse du in deinen Alltag mitnehmen kannst. Worauf du achten willst und was dich besonders herausfordert. Welche Wege du im Alltag gefunden hast, um ein bisschen mehr für dich zu sorgen.

Wenn du Lust hast, mit mir zu teilen, was dich in deinem ersten Jahr mit Baby bewegt, dann freue ich mich, wenn du mir schreibst:

info@madamedamm.de

Wenn du nicht zum Tippen kommst, schicke mir gerne auch eine Sprachnachricht bei Instagram:

@madamedammm

MAMA-MUT TO GO

MAIKE KÖHLER, geb. 1981, lebt mit ihrem Mann und vier Töchtern in München. Die diplomierte Sozialwirtin arbeitete lange Jahre als Redakteurin in einem der führenden Ratgeberverlage Deutschlands, bevor sie das Schreiben zu ihrem Beruf machte.

In ihrem Mini-Podcast „Mama-Mut to go" erzählt sie aus ihrem Alltag als Vierfachmutter – immer authentisch, unterhaltend und mit einer guten Portion Humor. Denn für all die Dinge, die sich da zwischen Stillmahlzeit und Schulwegdienst ereignen, die großen wie die kleinen, braucht es aus ihrer Sicht vor allem eines: Mut. Zum Chaos, zur Lücke, zum eigenen Mama-Ich!

AM ENDE WILL ICH DANKE SAGEN ...

... meinem Mann. Für gemeinsame Nächte und die tägliche Erbsenzählerei.

... meiner Mama. Für alle French Toasts und ihren unermüdlichen Einsatz in allen Babyjahren.

... meiner Schwester. Fürs Dasein, fürs Babyhüten und für die freundliche Erinnerung, dass ein wenig Wimperntusche nie schadet.

... meiner Freundin Sybille. Sie war es, die mich zum ersten Mal über den Mama-Alltag schreiben ließ, kurz nachdem ich Mutter wurde, indem sie mir die initiale Frage stellte, aus der so viel erwachsen durfte: „Was machst du eigentlich den ganzen Tag?"

Idee und Konzept: GROH Verlag. Das Werk einschließlich seiner Teile ist urheberrechtlich geschützt. Jede Verwertung außerhalb der engen Grenzen des Urheberrechtsgesetzes ist ohne Zustimmung des Verlages unzulässig und strafbar. Das gilt insbesondere für Kopien, Einspeicherung und Verarbeitung in elektronischen Systemen.

Bildnachweis: Cover: julymilks/Shutterstock.com, stock.adobe.com/dinkoobraz, Miller Inna/Shutterstock.com, Arina Gladyisheva/Shutterstock.com, Anastasiia Kozubenko/Shutterstock.com; Innenteil: stock.adobe.com/dwph (Goldhintergrund); McLura/Shutterstock.com (Hinterlegung Überschriften); S. 3, 5, 15, 19, 28, 34, 36, 38, 40–43, 60–65, 75, 76, 89, 91, 99, 106–110: stock.adobe.com/dinkoobraz; S. 6, 27, 29, 49, 52, 111: Daisy and Bumble/Shutterstock.com; S. 7: Fagreia/Shutterstock.com; S. 8, 27, 36, 63, 82, 86: Arina Gladyisheva/Shutterstock.com; S. 9, 53: Matiushenko Yelyzaveta/Shutterstock.com; S. 10: practicuum/Shutterstock.com; S. 13: Appu Stocks/Shutterstock.com; S. 14: stock.adobe.com/Alina; S. 13, 14, 34, 77, 82: Anastasiia Kozubenko/Shutterstock.com; S. 18: Irina Danyliuk/Shutterstock.com; S. 20–22, 34, 36, 43, 76, 81, 89: Mio Buono/Shutterstock.com; S. 24, 30, 44, 70, 72, 74, 92, 102: julymilks/Shutterstock.com; S. 24: ina9/Shutterstock.com; S. 28: Sudowoodo/Shutterstock.com; S. 37: Ruslana_Vasiukova/Shutterstock.com; S. 39: Chinch/Shutterstock.com; S. 45, 51, 62, 80: CoCoArt_Ua/Shutterstock.com; S. 46: ankudi/Shutterstock.com; S. 47, 59, 90: Bibadash/Shutterstock.com; S. 48, 50, 52: stock.adobe.com/MicroOne; S. 54: y.s.graphicart/Shutterstock.com; S. 56: Alla_vector/Shutterstock.com; S. 57: Mark Rademaker/Shutterstock.com; S. 58–59, 83: GzP_Design/Shutterstock.com; S. 63, 99: GoodStudio/Shutterstock.com; S. 64: Keronn art/Shutterstock.com; S. 66: Mary Long/Shutterstock.com; S. 68: Senntabi/Shutterstock.com, NStafeeva/Shutterstock.com; S. 78–79: OlyaOK/Shutterstock.com; S. 84: vectorisland/Shutterstock.com, PawLoveArt/Shutterstock.com; S. 85: Seishinskaja/Shutterstock.com; S. 87: BenzSuthep/Shutterstock.com; S. 95: Kseniia Khomyakova/Shutterstock.com; S. 96: RDV.vector/Shutterstock.com; S. 97: Cyee/Shutterstock.com; S. 98: aririnstory/Shutterstock.com; S. 100: stock.adobe.com/Tabata Art Studio; S. 101: vectorplusb/iStock/Getty Images; S. 104: Succo Design/Shutterstock.com; S. 105: cosmaa/Shutterstock.com, Julia Tim/Shutterstock.com; S. 106: Miller Inna/Shutterstock.com; S. 108: Irina Strelnikova/Shutterstock.com; S. 109: Lexi Claus/Shutterstock.com, Orange Vectors/Shutterstock.com.

Layout und Satz: Sabine Schröder

Gesamtherstellung: Drukarnia Dimograf Sp. z o.o., Bielsko Biała

Aus Verantwortung für die Umwelt hat sich die Verlagsgruppe Droemer Knaur
zu einer nachhaltigen Buchproduktion verpflichtet. Der bewusste Umgang mit unseren Ressourcen,
der Schutz unseres Klimas und der Natur gehören zu unseren obersten Unternehmenszielen.

Gemeinsam mit unseren Partnern und Lieferanten setzen wir uns für eine klimaneutrale Buchproduktion ein,
die den Erwerb von Klimazertifikaten zur Kompensation des CO_2-Ausstoßes einschließt.

Weitere Informationen finden Sie unter:
www.klimaneutralerverlag.de

Selfcare für frischgebackene Mamas
GTIN 978-3-8485-0167-0
© 2022 Groh Verlag. Ein Imprint der Verlagsgruppe
Droemer Knaur GmbH & Co. KG, München
www.geschenkverlage.de